Friedrich Theodor Vischer

Mode und Zynismus

Beiträge zur Kenntniss unserer Kulturformen und Sittenbegriffe

Friedrich Theodor Vischer

Mode und Zynismus
Beiträge zur Kenntniss unserer Kulturformen und Sittenbegriffe

ISBN/EAN: 9783743380837

Hergestellt in Europa, USA, Kanada, Australien, Japan

Cover: Foto ©Andreas Hilbeck / pixelio.de

Manufactured and distributed by brebook publishing software
(www.brebook.com)

Friedrich Theodor Vischer

Mode und Zynismus

Mode und Cynismus.

Beiträge zur Kenntniß unserer Culturformen
und Sittenbegriffe

von

Friedrich Theod. Vischer.

Stuttgart.
Verlag von Konrad Wittwer.
1879.

Vorwort.

Unter dem vorstehenden Titel fasse ich zwei Arbeiten zusammen, deren erste in der Zeitschrift „Nord und Süd" im Märzheft b. J. erschienen ist. Herr Wittwer äußerte mir den Wunsch, diesen Journal=Artikel selbständig herauszugeben. Schon vorher hatten mir die bekannten Vorwürfe, die gegen denselben erhoben wurden, es nahe gelegt, den Begriff der Anstandsverletzung oder (sofern dies Wort für gleich=bedeutend gelten kann) des Cynismus einmal genauer vorzunehmen, einläßlicher zu untersuchen, als meines Wissens bisher geschehen ist, und zugleich hatte ich beschlossen, jene Kritik der Mode anders als im Geleite dieser Studie nicht wieder erscheinen zu lassen. Herr Wittwer ist gern auf diese Zusammenstellung eingegangen. Es bedurfte eines zusammenfassenden Haupttitels für die beiden Aufsätze und da sich ein besserer nicht finden ließ, wurde der vorstehende gewählt. Gesondert von dieser Ueberschrift des Ganzen hat der Journal=Artikel seinen früheren Titel behalten; die Aufschrift der Studie schien mir eines Zusatzes zu dem Worte: Cynismus zu bedürfen und ich setzte: „Ueber Cynismus und sein bedingtes Recht;" die Benennung wie diesen Zusatz begründet der Text, auf welchen ich den Leser auch mit seinen etwaigen weiteren Vorfragen verweise.

Oktober 1878.

Der Verfasser.

Wieder einmal über die Mode.

er über die Mode schreibt, kommt aus dem Widerspruch entgegengesetzter Stimmungen nicht heraus. Die eine ist klar, stolz, ja ziemlich erhaben. Von ihr geschwellt, hatten wir folgenden Anfang niedergeschrieben.

„Thöricht, auf Besserung der Thoren zu harren": so thöricht waren wir schon damals nicht, als wir „Vernünftige Gedanken über die jetzige Mode"*) vorbrachten, es war vor neunzehn Jahren; der Titel war Nachahmung zum Spaß und der Ernst hinter dem Spaß sollte unter Anderem bedeuten, man traue sich so viel Vernunft zu, einzusehen, daß man die Leute nicht vernünftig machen kann. In der That, wer über die Mode schreibt, wäre ein Narr, wenn er meinte, auch nur das Geringste zur Heilung ihrer Verrücktheit beitragen zu können. Warum aber doch schreiben? Zu welchem Zweck? Nun, das Wörtchen Zweck möchte ich bitten, lieber ganz beiseite zu lassen. Es muß ja nicht Alles einen Zweck haben. Aber freilich, einen Grund hat Alles und verstehe ich recht, so ist hier der Grund der: wir müssen schreiben für spätere Generationen, vor deren heller gewordenem Auge unsere jetzige Mode als unbegreifliches Zerrbild auf der Fläche der Vergangenheit liegen wird und denen wir als blinde, der Selbsterkenntniß bare Wesen erscheinen müssen; zu ihnen soll Kunde gelangen, daß die Wir doch nicht Alle waren, daß nicht sie erst sehen, sondern daß es

---

*) Morgenblatt 1859. Wieder abgedruckt Krit. Gänge. Neue Folge Bd. 1. 1861.

jederzeit Einige gibt, welche sehen, welche nicht dumpf in der Schaf=
heerde dem Leithammel Modeton folgen; kurz, wenn sich die Zukunft
bewußter vorkommt, als unsere dann Vergangenheit gewordene Gegen=
wart, so soll sie doch merken, daß es immer Bewußtsein gegeben hat.
Die Klagen, die Predigten, der Spott auf Moden=Unsinn und Hoffahrt
sind so alt, als die Bildung. Neben dem Kameel mit dem Affen
auf dem Höcker, genannt Mode, ist, so lang es durch die Welt trabt,
auch die Satyre hergetrabt, bald als Hanswurst in bunter Jacke, bald
als Bußprediger in schwarzem Rock und Mantel; es wäre nur lang=
weilig, die Reihen der Strafredner, Spötter und Lacher durch die
Jahrhunderte zu verfolgen; sollten wir denen, die nur von Juvenal
und Martial wissen, eine Vorlesung halten über die Kostüm= und
Sitten=Satyriker des achtzehnten, siebzehnten, sechzehnten, fünfzehnten,
insbesondere des vierzehnten Säculums, um dessen Mitte der Narren=
tanz des Weibes Mode in ganz Europa zum ersten Mal seit dem
Untergang des klassischen Alterthums so recht losgieng, sollten wir aus
dem siebzehnten etwa Moscherosch's Capitel Alamode=Kehraus abdrucken
oder daraus wenigstens die vielen, enggedruckten Seiten über Hüte,
Bärte und Lätze, sollten wir dann zurück zu den Griechen wandern
und weiter in den Orient bis zu Jesaias? Fällt uns nicht ein; warum
sollten wir durch Wisserei verrathen, daß unser Wissen Stückwerk ist?
Stein und Bein kann man darauf schwören, daß schon die Aegypter,
die Assyrer, die Perser, die Indier in Olims Zeiten ihren Juvenal
oder Rabelais gehabt haben, aber wer weiß ihre Namen? — Ein
großer Theil dieser Bewußteren hat gemeint, bessern zu können, und
diese Meinung bedingt allerdings einen Abzug von der Ehre ihrer
Bewußtheit, der Helle ihres Auges, aber genug, sie sahen doch und so
stehen sie über dem blinden Rudel der Mehrheit; sie stehen, sage ich,
nicht: sie standen, denn die kleine Minderheit der Sehenden ist nur
Eine Kette, die durch die Weltalter läuft, obwol wir lang nicht alle
ihre Gelenke kennen, diese Wachen bieten sich die Hand über die Kluft
der Jahrhunderte; wo sie nicht sichtbar sind, dürfen wir, wie gesagt,
sicher sein, daß sie da waren, und so ist dieses Bewußtsein, das sich
aus der schweren, die blinde Menge umfangenden Dämmerung hebt,
immer gleiche Gegenwart dem menschlichen Geschlecht. Und billig muß
man doch auch sein gegen den Wahn, es sei den Narren zu helfen,
gegen den Eifer, drein zu schlagen, damit es besser werde. Man darf
es auch nicht vergessen, daß die Kleidermode — und in dieser Be=
schränkung nimmt unsere Aufschrift das Wort — von der Sittenmode
sich nicht völlig trennen läßt, und man wird es nicht mit Martial,
der freilich nur lacht, gegen Juvenal halten, der beißt. Zudem kommt

es auf den Grad der Geduldprobe an. Die nachdenklicheren Menschen haben für gewöhnlich Anderes und Besseres zu thun, als sich um das Werk des Schneiders, Schusters und Hutmachers zu bekümmern, die Mode hat auch ihre zahmeren Zeiten, nur in den Epochen, wo sie toll wird, schauen die Freunde des Maßes auf und erheben die Stimme, dann treibt sie es aber auch gewöhnlich bunt, so bunt, daß es kaum zum Aushalten ist und daher kein Wunder, daß auch der Klare in die Täuschung verfällt, sein Wort müsse doch etwas fruchten. Der Hoffnung kann sich ja Niemand entziehen, der Drang, die bessere Zukunft herbeizuführen, liegt aber so hart neben der Hoffnung, daß man beide kaum unterscheiden kann.

So weit hatte ich geschrieben und ganz gemüthlich weiter schreibend war ich im Begriff zu gestehen, daß ich mich selbst eben gar nicht immergleicher philosophischer Ruhe rühmen dürfe. Ich merkte nicht, daß ich damit nicht in eine bloße Abschwächung meines stolzen Anfangs, sondern in einen vollen Widerspruch hineingelangte. Das muß aber erkannt, das muß gesagt, es will betont sein, daß man diesen Widerspruch nicht vermeiden kann, denn es weist auf eine Schwierigkeit, die tief in der Sache selbst liegt. Unser Gang wird uns darauf führen. Und nach dieser Einschaltung fahre ich mit erleichtertem logischem Gewissen im alten Texte fort.

Schreiber dieses, den der Leser, weil er sich merklich zu den Klaren rechnet, bereits der Selbstgefälligkeit zeihen wird, zupft sich an der eigenen Nase. Sein lachender Seufzer von 1859 geht in ein Aufathmen der Hoffnung über, er vertraut, das Platzen der Krinoline werde der Aufgang eines vernünftigen Kleides sein; er kann nicht verbergen, daß er dazu beitragen will, diesen Naturprozeß zu beschleunigen, er predigt. Arme, wohlweise Hoffnung! Wie ist es gekommen! Gekommen just in der Heldenzeit unserer Nation! So geht es! Und trotz dieser Erfahrung muß auch diesmal gestanden werden, daß wir uns vor Rückfall aus Betrachtung in Bekehrungseifer keineswegs sicher fühlen, daß uns insbesondere noch ganz dunkel ist, wie der Schluß unseres unsichern Sermons ausfallen wird. Sei es drum!

Wie Rede und Schrift, so folgt auch die Kunst der Gugelfuhr der Mode auf dem Fuß, sie ist lustiger, freier von Bekehrungswahn und hüpft ihren spöttlichen Grotesk-Tanz sich und den Leuten einfach zum Vergnügen. Warum sollte sie auch eifrig sein, zu bessern? Woher sollten Fliegende Blätter, Kladderadatsch, Punsch, Caricature, Charivari, Spirito Foletto genug des Stoffes ziehen, wenn die Narrenkappen, die Gouchröcke nicht immer neu und dicht wüchsen wie Kartoffel in einem guten Jahr? Doch auch diese heitere Person, die Kunst, spielt nicht immer gar so harmlos; sie kann schon recht in's Fleisch schneiden und wer aufmerksam zusieht, wird es schon ihren Linien anmerken, ob unter ihrem Lachen ein Grimm kocht oder nur ein behaglicher Kitzel. Auch sie kann ja nicht vergessen, daß die Dinge zusammenhängen, verlacht sie Kleider, so verlacht sie immer auch Sitten und da wird sie bald fein, bald grob verfahren, wird bald einem lächelnden Erasmus, bald einem eifernden Hutten gleichen, je nach Gegenstand und Stimmung.

Fein oder grob: eine schwere Frage für den besonders, der mit dem Worte zeichnet. Bei der Kleidermode handelt es sich so vorherrschend um die weibliche, daß die Hütchen, Röckchen, Schühlein selbst uns wie mit winkenden Fingerchen zu mahnen scheinen: sei fein! sei kein Lümmel! Eine Seele von Stein müßte man im Busen tragen, wenn man nicht den besten Vorsatz hätte, zu gehorchen, sich nach Kräften zierlicher Schreibart zu befleißigen. Aber was hilft das Alles! Was nicht möglich ist, ist nicht möglich!

Und dieser Seufzer führt in mediam rem.

Wir hielten die Krinoline für das Symbol des zweiten Kaiserreichs in Frankreich, seiner aufgeblasenen Lüge, seiner windigen und protzigen Frechheit. Es stürzte und uns fiel es zwar nicht ein, mit etlichen Biederfrauen von einer deutschen Tracht zu träumen, aber, wie bereits gestanden, wir hofften, es werde etwas kommen, eine Form, welche irgendwie ausdrücke, daß die Wahrheit über die Lüge gesiegt habe. Ja freilich, so etwas ist auch gekommen, aber es ist eine andere Wahrheit, als die wir meinten. Die Pariser Welt hatte just vor dem Sturze des Kaiserreichs noch Zeit, in der weiblichen Mode eine andere Seite ihrer Stimmung hervorzukehren, und die Republik war sich nicht zu gut, sie aufzunehmen und zu behalten, aber auch die Frauen und Töchter der deutschen Heldensieger beeilten sich sammt ihren Schwestern in Europa, das expressive Sinnbild einer liederlichen Gesellschaft, das falsche Gegentheil des Reifrocks, anzulegen und wie ein Heiligthum treu zu bewahren bis heute.

Das Kleid wird quer über den Leib geschnitten und spannt über — da haben wir's gleich! Wie wäre das zierlich auszudrücken? Sollen wir sagen: über die gewölbte Plastik des Mittelkörpers? oder: über die gewisse Gegend, wohinter sich die Verdauungsstätte befindet? Wäre das nicht viel cynischer, als wenn wir ehrlich schreiben: über den Bauch? So steht's mit dem guten Vorsatz, fein, elegant und graziös vorzugehen! Es wird dienlich sein, wenn wir ohne Verzug nachfragen, wie es bei einem solchen Schnitt den nicht Jungen, nicht

Schlanten ergeht. Man sollte meinen, eine Mode müßte so beschaffen sein, daß auch diese sich noch darin sehen lassen können. Wie ist das möglich bei einem Schnitte, der den Bauch heraustreibt! Der casti-gatus venter der Jugend: da geht's noch an, läßt sich's zur Noth hin-nehmen. Aber die Formen der Reife, der Ueberreife, der Fettigkeit — nun, ich frage, wer sieht es nicht hundertmal des Tages mit Ekel, wenn so ein vorgewölbter tuchüberspannter Bauch vor ihm aufschwillt! Man hätte erwartet, daß sie mit Schwert, Spieß, Ofengabel auszögen gegen den Verrätherschnitt, alle diese Verrathenen! Aber Gott behüte! Die Alten pfeifen wie die Jungen singen und ganz zufrieden und glücklich trägt die gedunsene Vettel ihre Trommel vor sich her über Straße, Zimmer und Parket des Salon. Es ist keine Schande, dick zu sein; wir sind keine Spartaner mehr, die einen dick gewordenen Mitbürger verbannten, aber wenn eine Dame diesen Umstand so accentuirt, wie es durch den jetzigen Kleidschnitt geschieht, darf sie sich über das derbe Wort nicht beschweren.

Es ist aus der Statistik der Prostitution bekannt, daß die ver-lorene Dirne einen Stolz darin sucht, von der Natur noch der Mutter-schaft gewürdigt zu werden, ein Wunsch, womit nicht im Widerspruch steht, daß ihr die Beschwerlichkeit und das Entstellende in dieser Ehre nicht willkommen ist. Sie ergreift daher gern den Mittelweg, zu scheinen; sie legt auf pour deux mois, pour trois mois, nur natürlich nicht weiter. Das Spannen des Kleides über den Bauch erspart aber etwa das pour deux mois.

Es erhellt mit unerbittlicher Logik, daß diese Mode — und es hilft nichts, wir müssen deutsch reden — eine Hurenmode ist.

Weiter! Spannt das Kleid über den Bauch, so wird Hüfte, Schenkel und Schwellung gegen hinten in den Umrissen natürlich ganz anders aufgezeigt, als wenn ein Kleid in fließenden Falten fällt. Wir sind, versteht sich, nicht so absurd, zu verlangen, das Weib solle in ihrer Kleidung die schönen Linien verbergen, die schließlich mit seiner Geschlechtsbestimmung zusammenhängen; nicht so absurd, der Formen-freude zu zürnen, weil sie sich vom Reize nicht ganz trennen läßt; aber es sind Grenzen und hier sind sie zu Gunsten des groben Reizes überschritten. — Die Spannung bringt beim Sitzen zugleich gewisse Buchten mit sich, Schattenzüge in der Leistengegend auf beiden Seiten und nach der Schrittstelle hin convergirend — genug, genug — es ist so, daß der Anblick selbst einem Manne von nichts weniger als mädchenhaften Gesichtshautcapillargefäßen eine Schamröthe für das Weib austreiben kann, das so vor ihm dasitzen mag, daß er sein ganzes Gehirn vergeblich anstrengt, sich einen Begriff zu bilden, wie in aller

Welt es möglich sei, sich so in Kleidern nackt vor das andere Geschlecht hinzupflanzen. Leicht lesen wir die entrüstete oder boshafte Gegenrede, die bei einem so starken Wort auf mancher Lippe schweben wird: „Dem Reinen ist Alles rein; ein sittsames Weib sieht und weiß das nicht, — es ist dein Blick, der das hineinträgt." Wir werden die Antwort darauf nicht schuldig bleiben. Wir kennen das, wir wissen, wie sich die liebe Unschuld im Mitmachen unsauberer „Nouveautés" verhält, und können uns vorerst nur nicht unterbrechen lassen in Verfolgung des saubern Textes.

Besagte Expression ist auch durch die Behandlung einer ander=weitigen Partie des Kleides gegeben. Das weibliche Knie ist etwas eingezogen; dies ist durch die Breite der Hüfte bedingt und die Breite der Hüfte durch die Geschlechtsbestimmung; daher gehört diese Ein=ziehung zu den Intimitäten des Körpers, die ein gleichmäßig fallendes Gewand schamhaft verbirgt. Die jetzige Mode hebt sie im Gegentheil hervor, denn nachdem sie dem Kleid ein Stück weit unterhalb der Hüfte wieder so viel Luft gegeben hat, als zur Hebung des Oberbeins absolut unentbehrlich ist, verengt sie es um die Kniee. Von da aus geht denn nothwendig ein ausdrucksvoller Faltenzug aufwärts nach hinten zu und vermehrt kräftig die Hebung des Profils der ganzen Gegend, die sich nach dem Sitzmuskel hin erstreckt. Und so haben wir wol genug beisammen, um das Wort zu rechtfertigen: in Kleidern nackt. Empören wir damit eine Unschuld, so wäre sie vorläufig zu fragen, ob ihr unbekannt ist, daß weltfeine Damen jetzt statt des dich=teren Unterrocks hirschlederne Hosen tragen, um alle Formen vom Gürtel bis zum Knie recht rein plastisch heraus und hinein zu model=liren. Es ist gleichgültig, ob wir das Leibchen noch hinzunehmen, wie man es bei großer Toilette öfters sieht oder wenigstens vor Kurzem noch gesehen hat, Panzerleibchen genannt, wenn wir nicht irren, — ein Ding, so pure und glattweg anliegend, daß man die Insassin schlechthin im Corset vor sich zu haben meint.

Also in Kleidern nackt. Warum nicht lieber ganz nackt? Nun, die Antwort ist nicht schwer: jenes ist pikanter, dies wäre unschuldiger.

Es ist dagewesen, wir wissen es ja. Der Classicismus der ersten Revolution, fortgesetzt in's erste Kaiserreich, hat das Kleid ebenso über die Hüfte gespannt, was damals auch mit der hohen Gürtung zu=sammenhieng. Man kann in diesem Vergleich zu Gunsten unseres Tagesgeschmacks anführen, daß wir die Kleider nicht so frech aus=schneiden, wie es damals geschah. Wir kommen darauf zurück, für jetzt handelt es sich um den weit teckeren Naturalismus taghel
ler Zeichnung und Heraushebung der Gegend vom Gürtel ab zu den

Knieen. Was soll aber die Berufung? Jener Zeit dient immerhin zu einem Grad von Entschuldigung, daß sie ganz naiv meinte, die genannte Form sei antik. Die Mutter der Gracchen, die Portia, die Octavia ist ja so gegangen, wie nachahmenswerth! Unsere archäologisch bewanderte Zeit weiß das besser, sie greift nach dem pikant Reizenden um seiner selbst willen. Und übrigens ist Berufung auf frühere Unform überhaupt keine Ausrede. Jene ist durch die Zeit überwunden, verurtheilt; das längst Gerichtete wieder aufnehmen ist etwas Anderes, als blind dem Gericht in die Hände laufen, Rückfall schlimmer, als Lasters Anfang. Und wollen Sie, meine ungnädige Schöne, eine Wette eingehen, wenn ich behaupte: kämen heut wieder die Aspasien der ersten Revolution und ihres Vorabends, schnitten das Kleid auf einer Seite von unten bis an's Knie auf, trügen Sandalen und keinen Tricot, man thät's ihnen eben auch nach!? Top!

Offener Busen und Rücken ist allerdings jetzt in den Ballsaal und die Festabendräume verwiesen, hat sich da immer behauptet und wird sich leider wol immer behaupten. Darum hier ein Wort über die eigentliche Entblößung. Noch einmal verwahren wir uns: nur ein Mucker kann zeternd eifern, die schönen Formen der weiblichen Gestalt seien geschaffen, um von Niemand gesehen zu werden. Das Weib darf sich freuen, durch den vergönnten Anblick des Naturkunstwerks ihrer Gestalt zu beglücken. Aber wen? Jedermann? Auf einem Ball und auch im Festsaal der ausgewähltesten Gesellschaft ist der Jedermann, den ich hier meine, sie sind da, die jungen und älteren Herren, die nicht mit reinem Bildhauerauge, sondern mit innerem (und im Hintergrund auch mit äußerem) Bocksgemäcker Ihre enthüllten Reize sehen, meine holde Sylphide! Und wären auch alle Tänzer und Salongäste idealgestimmte Skopas und Praxiteles, mögen Sie denn so vielen Bildhauern Modell stehen? Doch Sie werden so unerfahren nicht sein, nicht zu wissen, wie unsere liebe männliche Jugend jetzt im Café chantant sich bildet. Sie hängen aus wie den Wecken auf dem Laden das, womit Sie doch billig nur den Einen beglücken sollten, der Sie liebt und den Sie lieben; sind Sie so unschuldig, daß Ihr künftiger Bräutigam Sie nicht dauert, wenn er in der Brautnacht denken muß: o, ein gut Stück davon hat mancher Ladenschwengel und vornehme Schwenkfelder auch schon gesehen und hat nachher ohne Zweifel bei einer Nymphe aus jenen Regionen davon erzählt und gespaßt.

Während wir dies schreiben, gelangt aus der großen Welt in unsere Einsiedlerzelle eine Kunde stark fleischlichen Inhalts. Ein junger Mann, noch in tanzlustigen Jahren, doch schon gesetzterer Apoll, der

diesen Winter in zwei größeren Städten Deutschlands Bälle der ge=
wähltesten Gesellschaft besucht hat, thut uns zu wissen, daß heuer die
Ballkronleuchter auf das denkbar Aeußerste von Entblößung herunter=
leuchten, ja daß man — ich frage noch einmal, ob es für das
Schamlose ein schamhaftes Wort gibt? — daß man bei den
Damen das Haar unter den Achseln gesehen habe; es gelte für Pflicht,
so zu erscheinen, weil es vornehm sei, und für sehr bürgerlich, ein
Aergerniß daran zu nehmen. Aber kein Glanz und kein Adel macht
das Gemeine vornehm, und da eine vermeintliche Vorschrift des feinsten
Tones zur Folge hat, daß auch das verblühte und überreife Weib
seine Reize (?) bloßlegt, so wird das Gemeine zum Ekelhaften, ja zum
Schweinischen. Das gehört in den Schmutzwinkel der feilen Schande,
nicht in ein Haus der Ehre.

Dies als kurze, nur also ganz bürgerliche Episode; ein Wörtchen
jetzt von dem Aufputzsystem. Die Einziehung des Kleides am Knie
wird zur schritthemmenden Fessel erst so recht durch die Zugabe der
tunique nebst dem Geschlepp verschiedentlicher Besätze mit allerhand
Namen: Franzen, Volants, Plissés und weiß der Himmel, was Alles.
Ein kürzeres Ueberkleid wäre ja an sich ganz hübsch und möchte die
schöne Trägerin mehr oder minder zur „Diana“ vergöttlichen, nur
vorausgesetzt, daß es fallende Faltenlinien des Hauptkleids nicht zu
stark durch eine Querlinie bräche, sondern gefällig mit ihnen fiele.
Davon geschieht ja aber nach dem jetzigen Princip das Gegentheil,
dieser Halbrock läuft, die Einengung vermehrend, schmal über dem
Knie hinüber und dann seitlich zur Hüfte hinauf, und so hat denn,
die genannten Verzierungsanhängsel dazu genommen, das Knie ein
hübsches Stück Arbeit, vorwärts zu dringen. Man muß die Kraft
bewundern, womit die zarten Gestalten, mit diesem vielen Ornament
umhängt, von all dem Gebimbel und Gezottel umschlenkert sich fort=
bewegen. „Sie scheint mit geschlossenen Füßen zu gehen“ — armes
Gretchen! Marschiren heißt hier in Knieschellen sich fortschieben, heißt
sich durch ein Gestrüpp hindurcharbeiten, das man nicht im Wege
findet, sondern mitbringt. O Rhythmus, o Musik eines schönen
Ganges, wie willst du aufkommen gegen all den Salat! Während
wir schreiben, scheint die Mode sich darin etwas bekehren zu wollen;
allein noch immer will sie sich nicht zum Einfachsten, Besten ent=
schließen, zum Princip der einfach fallenden Falten; sie thut es nicht
anders, allerhand Gewurl muß diesem natürlichsten Gesetze in den
Weg gedrückt werden. Will denn das Weib nicht einsehen, daß es
das einfach lange Kleid ist, was ihrer Erscheinung das Ideale gibt,
allein schon dadurch, daß es die Höhe des Wuchses vergrößert!

Drehen wir die Figur, so finden wir zu unserem Troste, daß der wie vom Wind aufgewirbelte Bausch jetzt verschwunden ist, der noch vor Kurzem einen Theil auszeichnete, den man nicht nennen soll und dessen ästhetischer Werth doch dem zarten Geschlechte sehr bewußt ist. Wir stimmen diesem Bewußtsein gerne zu und beharren muthig auf dem längst hingestellten Satze: keinen oder einen schlechten Hintern haben ist immer ein ästhetisches Unglück. Nur ganz begreiflich, daß daher ein Bestreben durch die Jahrhunderte geht, diesen Theil zu heben. Aber wie hat man's nun getrieben! So mit Fingern auf jene Stelle weisen, das geht denn doch über den Spaß. Die Natur, ja die erlaubt sich mitunter, dort ein Ornament anzubringen, daß man so recht hinsehen muß; sie setzt einigen Vierfüßlern und vielen Vögeln einen Prachtschwanz an, sie färbt einigen Affen zwei betreffende nackte Flächen schön zinnoberroth oder himmelblau, sie dreht dem Pinscher zwei niedliche gelbe Wirbelchen hin in Quittenform, aber Donnerwetter! muß ihr denn der Mensch, muß ihr gerade das Weib solche Witze nachmachen? Einmal habe ich Unglaubliches gesehen, und zwar an einem bildschönen Weib und in höllisch noblem Salon (ich mag gar nicht sagen, wie nobel, man könnte sonst meinen, ich wolle dick thun): da saß mitten in diesem Gebausch ein zierliches Röschen just auf — nun, ich frage, ob es ein schickliches Wort gibt, um fortzufahren! Ich frage, ob ein Mensch die Ideenassociation in sich unterdrücken kann, die — unter Anderem auch von den Gesetzen der Nachbarschaft und des Contrastes geleitet wird, — ei pfui Teufel!

So schnell scheint übrigens die eintretende Besinnung von diesem Vor- oder eigentlich Hinterposten nicht lassen zu wollen. Noch immer hat dortherum der anzügliche, fürwitzige, wundersitzige Kobold Mode etwas zu nesteln und zu bestcln, kann wie eigensinnige Kinder die Finger nicht davon lassen, will nicht begreifen, daß man dort lieber nichts thut, als nicht höchst taktvoll und behutsam. Meist wird jetzt ein herabhängender Luftbeutel, Luftsack angebracht, sogar ein doppelter, — säuberlich, aber nicht sehr appetitlich, obwohl nur decorativ.

Daß hier keine Kapuzinade geschrieben wird, soll nun durch die Liberalität bekräftigt werden, womit wir die Schleppe behandeln, soweit ein vernünftiger Gebrauch von ihr gemacht wird. Sie ist wirklich antik, ist festlich, sie hat Styl und das sichert ihr ein Recht auf Dasein trotz der Beschwerlichkeit für die Trägerin und ihre Umgebung. Aber sie gehört nicht auf die Straße, weil sie hier durch Staubaufwirbeln und Kothmitschleppen ihre Würde in Gemeinheit, ihre Pracht zum Aufwischlumpen verkehrt, sie soll sich für gewöhnlich auch nicht in Hausgesellschaft blähen, weil man da nicht vornehm thun soll auf

Koften der Behaglichkeit, sie gehört zur Repräsentation im Feftsaal, sie ift feierliche Ausnahmeform.

Um eine Art Schleppe zu tragen, doch zugleich diesen Mißstand zu meiden, griff man vor einiger Zeit zu einer sonderbaren Auskunft, einer Form, die wir Schleppe=Rudiment nennen wollen. Es ift ein Convolut von Falten, das nicht ganz bis auf den Boden reicht und beim Gehen eine merkwürdige Rolle spielt: die linke Ferse schlendert diesen Faltenbüschel nach rechts, die rechte nach links: ein Gebaumel von widerlich lächerlichem Effect. So ift zu sagen, denn es gibt auch ein Lachen mit Aerger, mit Widerwillen. An der Erscheinung des Weibes macht ein curioses, spöttliches Anhängsel einen ganz anderen Eindruck, als an der des Mannes. Sieht diesem etwa die Rockschleife hinten über den Kragen heraus oder ein Lappen des Hosengurts zum Rock, ein Unterhosen=Bändel zu den Hosen, oder haben ihm muthwillige Buben einen Papierzopf angeheftet: man lacht eben einfach. Beim Weib aber sind wir auf Wohlgefälligkeit, auf Anmuth gefaßt, unser Gefühl weiß Plattkomisches mit dem Ganzen seiner Gestalt nicht zu reimen, eine Empfindung läftiger, peinlicher Art muß sich erzeugen, wenn diese Verbindung des Widersprechenden eintritt, also lachen mit saurem Gesicht muß man zu diesem Geschlenker, wenn man hinter einer Dame hergeht. Doch neuerdings ift gleichzeitig auch die wirk= liche Schleppe wieder mehr aufgekommen, wird nun aber, um den Uebelftand des Straßenfegens zu vermeiden, mit Hülfe eines Hakens und einer Schnur im Gehen gehalten und getragen. Also eine Zierde, von der das Weib in all den Stunden, wo es auf der Straße sich bewegt, nicht die Zierde, wohl aber die Laft genießt! Es wird wohl auch noch Mode werden, ein Stück Kleid auf einem Kinderwägelchen hinter sich herzuführen! Wohl, wenn das heute von Paris diktirt wird, es findet sicher dienstwillig gehorsamste Nachahmung. Vielleicht kommt dann auch auf, daß der Mann, während er in Schuhen geht, ein paar Kanonenftiefel in der Hand mit sich herumträgt; wäre auch nett und würde beim biederen Deutschen, wenn der luftige Franzos es vorschriebe, nicht minder Nachfolge finden.

Es sei vergönnt, jetzt nach den Füßchen zu sehen. Das Stöckel hat sich erhalten, seit wir zum letzten Mal kritisch gefrevelt haben. Verftändlich: der hohe Absatz verftärkt eine Linie, die unzweifelhaft schön ift. Häufiger als beim männlichen findet man beim weiblichen Fuß den schwungvoll gehobenen, also hohl ftehenden Rift (süddeutsch: Reien).¹) Diese Wölbung weift auf elaftischen Gang, auf Anlage zu rhythmischer Bewegung, zu schwebendem Tanz. Das häßliche Gegen= theil ift Plattfuß. Aber ift es denn nicht besser, wenn die organische

Wohlbildung sich geltend macht ohne die lügnerische, übertreibende Nachhülfe mit all ihren Beschwerden und Gefährden? Wir müßten durch Wiederholung ermüden, wenn wir diesmal wieder darauf eingehen sollten; es sei daher zum längst Gesagten nur gefügt: längeres Tragen von Stöckelschuhen macht Affenbeine. Wir sind bereit, dies mechanisch, statisch, anatomisch, physiologisch des Näheren zu erhärten, falls nicht der correcte Schluß von selbst einleuchtet: der starke Absatz stellt die Ferse höher, als den Vorderfuß, stellt also das Schienbein schief und nöthigt so das Kniegelenk, mit dem Oberschenkel einen stumpfen Winkel zu bilden, und mit der Zeit wird diese Stellung zur bleibenden werden. So aber hängt das Affenknie vor, da es bei diesem Thier eben nicht zum Menschen, nicht zum ganz aufrechten Stand und Gang gereicht hat.

Springen wir nun kühnen Auges von der Basis zum Gipfel! Es wird auch hier etwas besser, der Haarthurm, im Hauptstück bestehend aus dem Ungeziefernest, Chignon genannt, scheint schwinden zu wollen. Sich höher zu machen, als man gewachsen, ist in Mann und Weib ein natürlicher Trieb. Was stecken die Wilden alles auf den Kopf! Man kennt auch die Mitren des Orients, Bischofs- und Papstmützen, die spitzhohen Pelzkappen der heutigen Perser und die Grenadiermützen. Lotze im „Mikrokosmos" hat seine Anmerkungen darüber wie über das ganze Gebiet; er zeigt, wie der Mensch in solche Erweiterungen seiner Persönlichkeit sich wirklich, wesenhaft fortgesetzt glaubt, als seien sie ein Stück von ihm. Die weibliche Mode hat in verschiedenen Jahrhunderten durch hohe Frisur, hochragende gesteifte röhren- und radförmige Hauben von diesem psychischen Naturgesetze Act genommen, man wolle nur in einem Trachtenbuch z. B. den sogenannten Hennin*) nachschlagen. Nun ist das aber denn doch ein gefährliches Spiel. Die Regierungsform der Mode ist bekanntlich die absolute. Ihre Ukase nach der Individualität modificiren ist keine leichte Sache und setzt drei Dinge voraus: Erstens Willen; was das heißen soll, kann man sich ungefähr denken, näheres Eingehen verschieben wir auf eine andere Stelle. Zweitens Bewußtsein der Individualität, d. h. ein Wissen von der eigenen Gestalt wie sie eigentlich ist, und solches Wissen ist bei der unendlichen Mehrheit auf das Allergröbste beschränkt, die Meisten kennen ja nur die abstracten Kategorien: groß, klein, dick, schlank und so viel als Null von den Proportionen im Einzelnen. Drittens Geschmack; es versteht sich, daß er das Zweite in sich begreift

---

*) Schief nach hinten fast ellenhoch aufragender zuckerhutartiger Kopfputz des 14. und 15. Jahrhunderts. Rest davon noch in der Normandie.

ober voraussetzt, aber er enthält mehr, als diese Selbstkenntniß, er
entscheidet, was nun geschehen soll, die Bekleidungsformen mit der
Form, welche die Natur dem Individuum gegeben, in Einklang zu
bringen. Er ist ein höchst schwieriger Begriff und wir müssen darauf
zurückkommen; vorerst mag ein und das andere Bild diesem mühsamen
Geschäfte vorarbeiten. Man konnte in der soeben verschwindenden
Blüthezeit der Kopfaufthürmung einer dünnen Person mit langem
dürrem Hals und sehr kleinem Kopfe begegnen, einem Wesen, dem
alle Geister des Wohlverhältnisses zurufen mußten: setze doch oben
etwas in der Breite zu, damit der besenreisartigen Verticularen und
ihrem tüpfeligen Schluß, dem armen Pünktchen Kopf eine Gegen-
wirkung geschaffen werde! Fällt ihr nicht ein! Sie treibt die dünne
Senkrechte höher und höher, dem Pünktchen Kopf wird ein Haar-
obelisk aufgeklebt, hoch auf diesem sitzt wieder ein Pünktchen, das
mikroskopische Hütchen, und so geht denn ein langes i, unten am
Schaft mit etwas Arabesken, in den Straßen um. Oder dort in der
Colonnade läuft mir ein längst verblühtes Weib in Sicht, auch mit
sehr langem Hals, der aber auf groben Schultern vorgestreckt ragt,
einer schief ausgezogenen getrockneten Gansgurgel ähnlich, darauf sitzt
ein Kopf mit langem spitzem Kinn, zurückgeworfen, das Hinterhaupt
groß und lang, dies nun mit dem langen Hals einen stumpfen Winkel
bildend, und auf dem Hinterkopf weit draußen über Gelock und allerhand Gesetz und Geklunter das spöttlich kleine Hütchen mit Federn,
Blumen, Maschen, weiß der Henker was Allem: ganz als trüge man
auf langer schiefgehaltener Stange schief übergelegt irgend welche
Narrengabe für ein altstädtisches Handwerkerfest, etwa eine mit allerhand Kraut, Binsen, Grasbüscheln verzierte geräucherte Rindszunge
oder Popanzfratze durch die Straßen. Was treibt der Mensch Alles,
um sein organisches Gebilde unter seine Menschewehre, nicht nur in's
Thierische, sondern in die Region des Mechanischen, Vegetabilischen,
humoristischer Artefacte hinabzudrücken!

Die eingetretene Wendung zum Bessern ist nicht so weit gediehen
und wird wol nicht so weit gedeihen, Einfälle zu unterdrücken, wie in
der Haarbehandlung die „Simpelfransen". So nennt man bei uns
den Kranz der kurz und meistens gerad abgeschnittenen Locken auf der
Stirne. Eine allgemeinere Betrachtung, die sich allerdings ebenso gut
an irgend eine andere Marotte knüpfen ließe, mag an diese Häkchen
oder Borsten gehängt werden.

Das Weib — will hier sagen, das Mädchen — ist in einer
übeln Lage, das muß man billig bedenken. Sie will einen Mann,
das ist doch wahrhaftig in Ordnung, ist Naturordnung und sittliche

Ordnung. Werben darf sie nicht. Sie muß sich finden lassen. Ob
einer, ob der Rechte sie findet, wer kann es wissen? Diese Ungewißheit,
diese Abhängigkeit vom Zufall, der doch über ein ganzes Lebensschicksal
entscheiden soll, trägt einen Zustand der Fraglichkeit, daher nothwendig
der Unruhe, der Aufregung in's weibliche Leben, vollends in den
Jahren, wo es hohe Zeit ist. Allein auch im Lenz des Lebens —
man muß doch etwas thun, um sich leichter finden zu lassen, muß
doch dem dummen Zufall etwas nachhelfen. Ganz und gar nicht zu
verargen ist's, wenn der Gedanke sich dahin erweitert: und wie nett
wär's, wenn mich Viele fänden! wenn ich nur so wählen dürfte nach
Lust und die Uebrigen so ein bischen zwicken und zerren! Merkwürdig
nur, daß zu genannter Nachhülfe nie und nimmer die Schönheit als
genügend gilt. Und gienge es auf ihre Kosten, der Putz muß es thun!
Genug, es ist nur ganz natürlich, daß also eines der findungwünschen=
den Wesen etwa denkt: halt, ich mache meinen Kopf höher, da noch
eine Masche, hier ein Band angenadelt, dort einen Lockenhügel erhöht,
auf den Hut noch dies Bouquet: da rage ich hervor, so findet man
mich leichter. Das sieht eine Zweite und denkt: das kann ich auch
und besser, treibt's um einen Zoll und etliche Besätze weiter, die
Dritte noch mehr und der Teufel ist los. In der That, die Wuth
des Ueberbietens im Mannfang (— das Wort ist nicht so übel ge=
meint, als es scheint, wir wissen nur kein anderes, das nicht zu lang
wäre für den Sinn: Anstaltensystem, sich finden zu lassen —) sie ist
vielleicht der stärkste unter den Holzbränden, die den Wahnsinn der
Mode, ihres hirnlosen Wechsels, ihrer furiösen Neigungen, ihres
wüthenden Verzerrens zur Siedhitze schüren. Goethe sagt, die Weiber
putzen sich noch mehr für einander, als für die Männer. Aber was
in diesem Satz unterschieden wird, kommt logisch auf ein Causal=
verhältniß hinaus: die Weiber putzen sich ursprünglich für die Männer,
darüber gerathen sie in einen Wettstreit, welche sich besser putzen könne
zu diesem Zweck; und so kommt es zu einem entbrannten Kriege der
Eifersucht in der Putzkunst zwischen Weib und Weib, einer Fehde, in
welcher mindestens ebenso viel Leidenschaft, ja Haß und Wuth auf=
lodert oder stille glüht, als in der directen Jagd des Mannfangs.
So nun wird einmal ein liebes Kind gedacht haben: mir fällt was
Neues ein, darauf ist noch keine gekommen, ich lasse mir eine Zeile
von Locken auf die Stirn hereinfallen. Vielleicht hatte sie antike
Büsten, Statuen, pompejanische Gemälde gesehen und wußte, daß die
Frauen des Alterthums es gerne so hielten; sie vergaß nur, daß man
damals keine Damenhüte trug und daß, was zu freiem Haupte paßt,
nicht auch mit diesem Deckel sich vereinigen läßt; oder sie kannte

van Dyks Porträt der Gemahlin Karls I., deren weißer Stirne diese spielende Beschattung so lieblich ansteht, und übersah nur auch hier, daß der Kopf unbedeckt ist. Es gibt gewisse naturfreie Formen, die mit Zuthaten, wie sie die moderne Putzmacherin schneidert, schlechter= dings nicht stimmen, und dazu gehört das Hereinwallen der Haare über die Stirne. Von den Alten weiß man, daß ihr Schönheits= begriff ein Vorherrschen der Stirne über die anderen Theile des An= gesichts ausschloß, daher liebten sie auch diese Haartracht. Man weiß aber auch, daß das Ganze ihrer Kleidung auf freien Fluß der Formen gieng: wie die Falten, so durften auch die Locken fallen; auch nach dieser Seite stimmt doch ein solches Motiv mit dem modernen weiblichen Mode= system nicht zusammen wie mit dem antiken. — Genug, besagte Schöne kam auf den Gedanken der stirnumkränzenden Löckchen und sagte sich vor dem Spiegel: es sieht so halb träumerisch, halb wild, eben gar so nett bubig aus, ist lang nicht dagewesen, o, das muß wirken! Dem ist doch kaum zu widerstehen! Sie macht's noch gnädig, beläßt es bei einer Löckchenreihe, worunter die Stirne noch aufkommen kann. Sie zeigt sich, eine Zweite sieht's und denkt: o, so? Das kann unser Eins auch! Bubig? Ich mach's noch bubiger! Und sie läßt sich nicht Locken, sondern straffe Borsten oder einen weichselzöpfischen Haarwald auf die Stirne hängen, die Dritte macht den Ueberhang noch dichter und länger, der Vierten fällt nicht ein, daß sie eine sehr niedrige Stirne hat und sich mit dieser Verdunklung vollends ganz zum Bild eines Simpels, Feren, Trottels, Taggels macht, und so steht denn der Kretinismus in Blüthe, der Blödsinn, das Schönste am Menschenantlitz, den Tempel des Gedankens mit Haar zu verfinstern, ist Mode.

Vom Hut noch ein Wörtchen. Es ist jetzt statt des Deckelchens, das auf dem Haar=Chimborasso schwebte, ein etwas ansehnlicherer Hut aufgekommen, neuestens sieht man ab und zu sogar einen sogenannten Rembrand=Hut, was ja ganz hübsch ist, nur daß der flach abstehende Theil der Krempe etwas breiter sein dürfte; was aber in den letzten Jahren herrschte, war ein etwas verkleinerter Tiroler Hut mit ver= jüngter (wie man ungenau sagt: zugespitzter) Kopfform. Für unseren Menschenschlag eine unglückliche Wahl! Es muß hier ein Satz be= gründet werden, den wir nachher bei den Männern sehr wieder brauchen. Linien, Profile unorganischer Formen, am organisch Leben= digen angebracht, setzen unter gewissen Combinationen die Phantasie des Betrachters in Bewegung, so daß sie die Linie unwillkürlich über ihr Ende hinaus noch weiter fortführt. Die Täuschung ist eine voll= ständige, wir meinen, die Form so zu sehen. Nun denke man sich einen breiten Kopf, und solcher ist im deutschen Volke der weitaus vorherrschende, auch im weiblichen Geschlecht, bei welchem überhaupt starke Backenknochen zu Hause sind. Auf diesem Kopfe sitzt ein Hut von konischer (nach oben verjüngter) Form; zwei schräge Linien laufen also über den Kopf herunter und brechen in Kurzem ab. Das Auge des Anblickenden setzt diese Linien parallel dem Gesichte um Einiges fort. Nun ist aber dieser Hut nicht ein leerer Körper, sondern ein Menschenkopf steckt in seiner Höhle, daraus folgt, daß es dem Auge vorkommt, die weitergeführten schrägen, in der Schräge sich erweiternden Linien seien noch immer vom Gesicht ausgefüllt, die Backen wachsen in diese Linien hinein. Also macht ein zugespitzter Hut, daß das Gesicht viel breiter erscheint, als es ist. Es ergibt sich, daß verjüngte Form der Kopfbedeckung nur in einem Volke angeht, wo schmales Gesicht, länglicher Kopf vorherrscht. Man hat es gesehen, als unsere Soldaten noch das konische (etwa auch vorgestürzte) Käpi trugen. Was den Franzosen ganz hübsch steht, sah bei unsern Breitköpfen aus wie ein Fingerhut auf einem Sauerschaff. Dem italienischen Bauern, dem Tiroler von rhätischem Stamme steht der Spitzhut, deutscher Bauernschädel erscheint unter ihm wie ein grobdicker Rübenkopf auf die breite Basis gestellt, so daß der Schwanz nach oben steht. Umgekehrt wirkt ein Hut mit etwas nach oben ausgeladener Kopfform, der Augenschein führt die gegebene Linie hier in einwärts laufender Richtung über ihre Grenze nach unten fort und so wird vom breiten Gesicht auf beiden Seiten ein Stück abgeschnitten: die richtige Tracht also für tête quarré. Doch einfach cylindrischer Hutkopf thut es auch, nur, versteht sich, darf er nicht sehr hoch sein; Volkstrachten böten sehr hübsche Motive; so tragen die Weiber in der Ramsau ein schwarzes Hütchen mit niedriger, unverjüngter Kopfform und etwa wenig über drei Zoll breiter Krempe; eine Goldborte faßt jene ein und fällt mit ein paar Quasten auf diese. Das Gold führt auf einen Punkt, der besprochen sein will; davon nachher. Auch ein Baret, ein diademartig über der Stirne steigender und umlaufender Aufsatz von Sammt oder dergleichen, wie die ungarische Parta, stünde ja trefflich. Der Mailänder Schleier sei nicht vergessen, der eine so wahrhaft noble Reminiscenz antiker Tracht enthält. Dies Alles liegt aber nicht im Zuge der Zeit und im Charakter der Mode. Beliebt sind außer dem Hut allerhand unbestimmte Formen, haubenartige Deckelchen, welche unter mancherlei Aufputz in's Unerkennbare verschwimmen.

Zu diesem Aufputz gehören nun vor Allem gemachte Blumen. Die Uebertreibungshetze hat solche auch in Früchte, Beeren, Birnen,

Aepfel, Orangen, ja in ganze Vögel hineingesteigert: wir sehen Po=
mona und Diana zugleich als Vogelstellerin. Caricaturblätter haben
sich natürlich der Sache bemächtigt; ein paar Cotelettes, ein Lock
Sauerkraut mit Blutwurst, kleinem Schinken, pommerischer Gänsebrust
müßte auch nicht übel lassen. Spaß beiseite! wir müssen uns zu der
schweren Ketzerei bekennen, daß wir gemachte Blumen überhaupt ver=
werfen. Daß Blumen dem Weibe gut stehen, wer wollte das be=
zweifeln! Gleiches zu Gleichem; ist ja das Weib selbst eine Blume,
ich meine das nicht als verbrauchtes Compliment, sondern in ehr=
lichem botanischem Sinn. Das Uebel ist nur, daß die natürliche
Blume zum Schmuck über eine Viertelstunde sich nicht verwenden läßt,
und so liegt es nahe, daß zu der gemachten gegriffen wird. Aber
gemachte Blumen sehen immer papierig aus, unsolid, verlogen und
ihre Herrschaft im modernen weiblichen Putze ist allein schon Ursache
der vollendeten Styllosigkeit unserer Mode. Der ächte Prüfstein
hiefür sind Mädchen aus dem Volke, will sagen einfache Bürgerkinder,
Landmädchen, die in unseren Städten dienen, ich rede von Unverdor=
benen. Ehe die letzten etwa vier oder fünf Jahrzehnte alle Stände
nivellirten, ehe man der Kellnerin Fräulein rief und der Soldat die
Magd am Brunnen so anredete, trug die Bürgertochter mit dem Ge=
fühl der Ehre in der Bescheidung, das ihren Stand zierte, ihren über=
lieferten Kopfschmuck, Rieglhäubchen, Linzer, Ulmer, Frankfurter Hauben
und andere. Man sehe hin, ob sie nicht im leichten Modehütchen mit
Blumen einer verdächtigen Dirne gleich sieht! denn unwillkürlich
tragen wir den Begriff des Unsoliden, der zunächst nur schlicht buch=
stäblichen Sinn hat, in symbolisch sittlichem auf die Persönlichkeit
über. „Das macht das grobe Gesicht, machen die groben Formen der
ganzen Erscheinung, der Widerspruch des Leichten und Derben," wird
man sagen. Wohl, ja, aber die feine Erscheinung wird darum noch
nicht schön durch dies Geflunker, sie stellt nur keinen Widerspruch dar,
sie wird eben als Ganzes zu einem saftlos eleganten, knitterigen Wesen.
Zu den gemachten Blumen trägt sie außer den Besätzen am Kleid,
Spitzen, gefalteten Säumen an Hals, Arm nun also noch am Kopf,
an der Kopfbedeckung allerhand indefinibles Geflock, Schleierchen, Vor=
hängchen, Schleifen, Maschen, Florflügelchen, und wer kann aufzählen,
was Alles für namenlosen Anflug und Anhauch. Die Losung ist:
erscheinen wir sanft wie Nebel, leicht wie der Mond aus gestaltlosen
Wölkchen flimmernd, schwebend, traumhaft, kurz erscheinen wir als
Feen! Dies nun ist vollendete Verzichtung auf allen Styl, denn Styl
ist klar, gibt dem Auge klare Bahnen und Grenzen, Styl ist fest, ganz
und bestimmt. Und dies führt auf die edeln Metalle zurück. Ich

habe eine Jacke gesehen, die ein Reisender aus Island mitgebracht hat: dunkelgrüner Sammt, ein Theil der Nähte mit schmalen Goldborten besetzt, dazu goldene Knöpfchen von Filigranarbeit. Das hat Styl, das ist nobel und dagegen ist all jenes Geflitter und Geflatter von unbestimmten Formen nichts als ein ärmlicher Kehricht von abgesetzten Spinnweben. Nicht auf dem Theater muß man Solches, muß man die wahre Pracht der guten Trachten sehen, auch nicht auf Masken= bällen, denn da ist das Meiste unächt und fühlt das Auge im ersten Blick zugleich die Flüchtigkeit der Arbeit, aber auf Festzügen wohl= habender Städte wie im letzten Sommer bei der Münsterjubiläums= feier in Ulm, wo alle Anzüge solid waren und der Gold= und Silber= schmuck nicht falsch, da kann man seine Freude erleben. Die Mädchen leuchteten in Schönheit. Wenn das Weib wüßte, was es verschmäht, indem es von der Mode den schlechten Rath annimmt, auf so gediegene Mittel der Hebung seiner Anmuth und Wohlgestalt und Gesundheits= blüthe zu verzichten!

Freilich ist leicht einzusehen, warum die Mode dies gediegene Schöne ausschließt. Man kann nicht Gewänder mit dem edlen Schmucke ächten, kostbaren Metalls tragen, wenn mindestens alle Jahre gewechselt sein muß. Die Kindersucht des Neuen ist der Unter= gang jeder besten Form. Man hat heute das Richtige gefunden, das einfach Wohlkleidende oder solid Glänzende, morgen muß es zum Teufel fahren, denn Neues muß her, Gold und Silber aber mag auch der Reichste nicht nach kurzem Gebrauch zum Plunder werfen.

Stellen wir uns noch einmal die Figur vor Augen, wie sie aus einigen Hauptstücken — auf Alles einzugehen, wäre denn doch der Mühe nicht werth — sich uns zusammengesetzt hat; halten wir fest, daß die Ausartungen, die wir geschildert, doch in den wichtigsten Theilen noch bestehen, daß das Bessere in einigen noch ohne Conse= quenz auftaucht, daß wir also kein Unrecht thun, wenn wir das Bild in der Consequenz seines Charakters belassen; nehmen wir ferner an, es stehe eine Tochter vor uns, deren Eltern noch leben: so müßten wir doch keine Menschen sein, wenn sich uns nicht die Frage den Hals herauf und über die Lippen drängte: warum duldet denn aber die Mutter das ebenso abgeschmackte als freche Gefratz? Warum rupft sie der jungen Gans nicht den Bauchspanner und Kniewetzer mit dem Gansfuttersalat, der drum und dran hängt, den Poderbausch oder Beutel, die Affenstöckelschuhe, das wolkenumsetzte Kopfdolomiten-Gebirg, die Trottelstirnhaarpinsel: warum rupft sie ihr nicht dies Alles vom Leibe und schmeißt's in's Feuer?

Was? Sie? Die alte Gans spannt sich ja selbst den Kleidstoff über den Leib, daß sie aussieht, als wollte sie ihren alten Genserich noch mit Quillingen beglücken!

Aber er, der Genserich, warum thut er es nicht und warum nicht beiden?

Der? Woher soll er das Urtheil bringen zu solchem Richteract, da er für die eigene Erscheinung keines hat? Seht hin! Trägt er nicht ein schwarzes Bienenstöckchen auf seinem Kartoffelkopf, rasirt er sich nicht den Schnurrbart und läßt er sich nicht am vorgeschobenen Unter= kiefer den Vollbart wachsen, daß man meint, man sehe eine Galerie an einem Thurm herausragen, wo die Zinkenisten drauf abblasen können? O, nur hinauf! Muß nett sein, wenn die Posaunenzinken so über die Unterlippenbalustrade auf= und niedergehen! Und trägt er nicht seine zwei Taillenknöpfe drei Zoll tief unter dem Kreuz, daß der Mitchrist, der hinter ihm geht, sein Sitzcapitel noch zum Oberleib rechnen muß? Ei, so laß sie dir doch lieber noch ein paar Schuh tief in die Erde graben, Esel!

Wir sind unversehens zum Mann herübergekommen und gedenken, unsere Sünden gegen das schöne Geschlecht durch unsere Unparteilich= keit gegen das starke gut zu machen.

Vor etwa drei Jahren sahen wir einen langen Jüngling auf der Königsstraße uns entgegenwallen, dem etwas wie eine Glocke oder Waschschüssel um die Knötchen schlampte. Wird wol ein Mexikaner sein, dachten wir, denn die Spanier drüben in Amerika tragen ja längst dies non plus ultra der Tulpenhose. Bald aber sah man einen Zweiten, Dritten, Vierten und die absurde Mißform war Mode. Das specifisch Schöne am Bein, die feine Reduction seines Umfangs am Fußgelenk: gerade an diese Stelle eine plötzliche Ausweitung des Bein= kleides verlegen — sollte man es für möglich halten? Wir haben längst, im Seufzer von 1859, zugegeben, daß phantastische Abweichungen von der organischen Form, die doch ein für allemal der Kleidung ihr Grundgesetz gibt, immerhin erträglich sind, wenn starke Farben, Ver= schnürung, Besetzung mit Metallknöpfchen und dergleichen das Auge nach dem malerischen Gesichtspunkt ablenkt; das fällt ja aber ganz hinweg bei der jetzigen Herrschaft dunkeltrüber Farben. Schon bisher konnten wir die Frage nach dem Geschmacksgrade des Einzelnen nicht ganz von der Besprechung des Allgemeinen, der herrschenden Mode, trennen, oder, um ehrlich zu sein, wir haben beide doch verschiedenen Fragen durcheinandergeworfen, wir denken uns darin zu bessern, vor= erst sei es drum und mag hier gleich erwähnt werden, wie oft man geschmacklose, widersinnige Narren sieht, die, von der Natur mit Schneiderbeinen, d. h. einwärts gedrückten Knieen gesegnet, dazu ganz

enge Hose mit dieser Terrine am untern Ende tragen, als ritte sie der
Teufel, ihre Mißbildung noch recht über ihre Grenzen zu treiben.
Warum, im Namen aller guten Geister der Wohlgestalt, warum kann
das Mannsvolk nicht bei den einfach richtigen mäßig weiten Hosen
verharren, die der Dürre noch etwas erweitern, der Elephantenfüßler
noch etwas verengen kann?

Es ist vorhin etwas von einem Bienenkorb gesagt. Vor bald
vier Jahren sah ich ein Ding an den Schaufenstern der Hutmacher
stehen, dem besagter Name zu geben ist: glanzloser Filzhut mit ganz
schmaler Krempe, die Kopfform oben gewölbt, zugleich von unten auf
verjüngt. Daneben neue Gestalt des Glanzhutes, sogenannten Schlossers:
hoch, theils reiner Cylinder, theils ebenfalls etwas zugespitzt, Krempe
auch sehr schmal und seitlich nicht aufgebogen, sondern gleich flach
umlaufend. Das ist also auf dem neuesten Hutmachercongreß decretirt,
dachte ich, wird aber doch hoffentlich nicht acceptirt. Thörichte Hoffnung! Kurz darauf läuft mir ein Phänomen in den Weg, bei dessen
Anblick ich denken mußte: hat der Mensch seinen Kopf auf, umgekehrt,
schwarz, ein kleines Komma (das Krempchen) zwischen Kopf a und
Kopf b. Der Jüngling hatte doch wenigstens nur mittelbreites Gesicht,
bald aber stieg ein Mann daher mit dickem, großem, katerhaft breit-
backenknochigem, rothem Kopf, auf dem die schwarze Eierschaalenhälfte
saß wie ein Lampenlöschhelmchen auf einer Feuersbrunst oder Kinder-
häubchen auf Elephantenschädel. Warum der Kopf noch sechsmal
dicker aussah, als er war, das ist im Obigen wissenschaftlich begründet
und ich verweise hier auf jene Demonstration zurück. Ein dritter,
ditto Dickkopf, trug den Glanzcylinder in geschilderter Form. Von
diesem Gebilde, nämlich in solcher Façon, haben wir schon vor neun-
zehnthalb Jahren behauptet, daß es kein Gesicht geben kann, das unter
ihm nicht albern, insipid erscheint; denn es nähert sich streng geome-
trischer Form und die menschliche Gestalt als organisch lebendige, be-
wegte und beseelte duldet der Art nichts an sich, sie wird unter sich
selbst herabgestoßen, wenn es ihr aufgestülpt wird. Es war von einer
andern Hutgattung die Rede, als wir im Obigen einfach cylindrische
Kopfform für ganz thunlich hielten: vom weichen Hut mit breiter
Krempe, deren seitliche Aufbiegung der trockenen Regel durch Fluß der
Bewegung aufhilft. Gelegentlich gesagt: aus genanntem Grunde meldet
sich jeder als Philister dem ersten Blick schon an, der seinen Hut ganz
gerad aufhat, während freilich stark schiefes Aufsetzen den Träger allerdings sogleich als Schwenkfelder, als Windbeutel signalisirt. Man
sieht auch in diesem Punkt Erstaunliches. Da geht einer mit einem
Gurkenkopf, — sein Gesicht bildet die innere Curve dieser Frucht, da

Oberstirn und Kinn hervorragen; drückt sich der Mensch noch den Hut vornüber und macht so sein Menschenhaupt erst noch recht zur Kukumer! Schwer habe ich immer begriffen, wie es selbst bei würdigen Männern vorkommen kann, daß sie sich angewöhnen, den Hut tief zurück auf den Hinterkopf zu setzen. Junge Franzosen, auch Italiener thun es gern, um der Stirne Kühlung zu gönnen, doch nur im Wirthshaus, denn sie sind sich wohl bewußt, daß es ein halb blödes, halb liederliches, an verjoffene Musikanten erinnerndes Aussehen gibt, daher es in Caricaturbildern oft vorkommt. Merkwürdig, daß so Mancher, dem es an Geschmack und Auffassung von Kunst- und Dichtungsschönheit nicht fehlt, durchaus keine Vorstellung hat, wie er selbst aussieht und wie er sich kleiden muß, um nicht lächerlich zu erscheinen. — Aber auf regelrecht mathematische Form zurückzukommen: warum nicht lieber auch ein geometrisches Viereck? Etwa Schublade mit gutem Futter, damit sie ordentlich sitzt? Wäre sehr passend zum Complimenten= machen, man dürfte sie nur an der Handhabe fassen! O, es kommt auch noch!

Der Hutmachercongreß (in Leipzig, Offenbach oder wo die Kerle tagen) hatte also gesiegt. Ich heiße sie Kerle, das ist noch höflich, denn ich habe einen Satz aufzustellen, wovon keine Maus keinen Faden beißt. Unter allen Caricaturenschöpfern, die für Bekleidung unseres armen irdischen Leibes sorgen, sind die Hutmacher die ärgsten, sie sind Ungeheuer.

Ich schreite pflichtgemäß zum Beweise. Obersatz (major): wer dem Individuum nicht erlauben will, Individuum zu sein, bestreitet ein wesentliches Grundrecht des Menschen, stößt hierdurch sich selbst aus der Menschheit aus, ist Unmensch, Ungeheuer. Unter= oder Mittel= satz (minor): nun wollen aber die Hutmacher dem Individuum nicht erlauben, Individuum zu sein. Schlußsatz (conclusio): Also sind die Hutmacher Ungeheuer. Erläuterung des minor. Nicht zwei Individuen sind an Proportionen des Körpers, Kopfform und Verhältniß der Kopfform zu diesen Proportionen einander gleich, daraus folgt uner= bittlich, daß auch nicht zwei Individuen dieselbe Hutform tragen können. Der Hutmacher weiß nur von Modeschablonen, will dem Kurzen, Dicken, Kurzhalsigen, Rundköpfigen dieselbe Form aufstülpen wie dem Langen, Hagern, Langhalsigen, Schmalköpfigen. Damit ist noch unendlich wenig gesagt, das sind erst nur sehr abstracte Unter= scheidungen; es finden ja unendliche Mischungen statt. Einer ist z. B. sehr groß, dabei stark, breitschulterig, hat aber sehr kurzen Hals und sehr kleinen Kopf, der Hutmacher ist fähig, ihm ein winziges Deckelchen von weichem Filz mit schmalem Rand auf sein Kopfkügelchen zu schieben und macht so den Menschen zu einer großen, langen, dicken Grundbirne mit einem Wärzchen. Wer nun von Verhältnissen weiß und ihnen adäquat seine Kopfbedeckung bestimmen will, findet natürlich einen ihm passenden Hut niemals vorräthig, er wird also dem Hut= macher Form und Maße angeben, aufschreiben, womöglich auch vor= zeichnen. Ein Centimeter, ½, ¼, eine Linie, das Minimum einer Einziehung, Aufbiegung verändert ja radical den ganzen Charakter der Erscheinung eines Individuums, stempelt sie zu einer vernünftigen oder tanteelartigen, vertrakten, dummlustigen, blöden, affectirten und so in infinitum. Bei dieser Unterweisung wird ihn der Hutmacher anblinzen, anstarren wie einen Verrückten, denn er selbst weiß und ahnt von Verhältnissen ja Null. Mit Ach und Krach verspricht er endlich, zu gehorchen. Zuerst kommt oder schickt man nun einigemal an den Tagen, auf die er zugesagt hat; der Hut ist nicht fertig. Endlich erscheint der große Moment und ein Hut, woran auch nicht ein Haar dem bestellten gleicht. Jetzt bricht dem Besteller die Geduld, er wird bös und der Hutmacher grob wie Bohnenstroh, die mühsam bis dahin verborgene innere Unmenschlichkeit kommt nackt zum Vorschein. Die Hutmacher sind darum die Aergsten, weil sie unter allen Bekleidungs= künstlern am meisten auf die besondern Formen des Einzelnen achten sollten und gerade sie am allerwenigsten diese Pflicht anerkennen. Gibt man ihnen einen Hut als Muster, das sie nur copiren dürfen — nichts, erst recht nichts wird eingehalten. Der unglückliche Verfasser hatte einmal mit unendlichen Mühen einen richtigen Hut aus München erhalten, wollte in Zürich eine Reise antreten, der Hut bedurfte Re= paratur, er zeigte ihn einem Hutmacher, schärfte auf Tod und Leben ein, nichts an der Form zu verändern, bekam sein Eigenthum in ein Spottdeckelchen verwandelt zurück und auf die mäßige Bemerkung: „ich spiele auf keinem Hunde= und Affentheater" wurde der Huter und sein im Laden sitzendes Weib so grob, daß nur noch Thätlichkeiten fehlten. Und auf die Reise hatte nun der Arme keinen Hut — baarhäuptiger König Lear in Sturm und Regen, der den Grafen Gloster um seinen Kopfschmuck beneidet!

Natürlich trägt das Publikum selbst die Schuld dieser totalen Verwilderung, Entmenschung der Hutkünstler. Sie sind, wie die Kunden sie wollen. Wie viele Hutkäufer mögen es denn sein, in deren Gehirn so viel Lichtschimmer eingeht, daß sie auch nur ahnen, ein Hut müsse im Verhältniß zum Ganzen des Körpers stehen? Sie sehen ihn an, wie er als getrenntes Object in der Auslage hängt, und danach urtheilen sie, sie probiren etwa auch vor dem Spiegel auf, aber was sieht, wer kein Auge hat?

Zum Glück hat der glanzlose, mittelweiche, breitkrempige Filzhut
sein Dasein noch zu fristen vermocht. Er läßt sich nach der Indivi=
dualität sehr vielfach modificiren: eine Tugend, die ihm freilich von der
unendlichen Mehrzahl mit Undank belohnt wird. Gleich umlaufende,
seitlich nicht aufgebogene Krempe z. B. ist nur bei einem schmalen,
geistreichen Gesicht und lockigem Haar zum Ansehen, Allen und Jeden,
der dicke Schläfen und Backen, glattes Haar hat, macht es zu einem
albernen Menschenbild, dagegen seitliches Aufbiegen bringt (wie schon
erwähnt) Wurf, Zug, Leben, Gegensatz, Unterschied, Wechsel. Ist
Einer klein, untersetzt und trägt zu flacher, gerader, breiter Krempe
noch niedrige Kopfform des Hutes, so sieht er aus, als hätte man
ihn von oben mit einem Hammerschlag breit zusammengeplätscht, oder,
in Froschperspective gesehen, als läge das Haupt Johannis des
Täufers in einer Flachschüssel. Dort aber läuft Einer mit Luchs=
ohren, will sagen mit spitz aufragenden und abstehenden Ohrmuscheln,
der trägt nun die seitliche Krempe seines Hutes genau in derselben
Form steil aufgeschlagen, wird also zum Luchs mit vier Ohren.
Oefters kann man geradezu Grauenhaftes erleben: da begegnet dir ein
Kopf mit stark aufgestülpter Nase, der hat sich die Krempe seines
Breithutes vorn gerade ebenso in die Höhe gestülpt! Willst du dem
harmlosen Begegnenden den Leib mit zwei Hörnern aufschlitzen, fürch=
terliches Doppel=Rhinozeros?

Es wäre beim Hut auch von der Farbe zu reden. Wir haben
schon bei der weiblichen Mode diese Seite gemieden, weil kein Ende
zu finden wäre. Ein besonderer Dämon scheint in diesem Punkte die
Menschen zu reizen und zu hetzen, so daß zum Exempel ein Roth=
haariger rothbraunen Hut, Rock und Hosen wählt und sich so ganz in
Leberwurst, Blutwurst oder Rhabarber verwandelt. Kurz, es ist gar
nicht anzufangen. Daß jeden Blonden ein heller Hut zum Kutscher
oder Bäcker macht, ist schon im Klagelied von 1859 aufgestellt.

Noch ein Wort vom Barte! Daß die Freiheit, ihn nach Be=
lieben zu tragen, schon darum ein Gewinn der neueren Zeit ist, weil
sie ein Mittel gibt, unglückliche Kieferverhältnisse zu corrigiren, haben
wir schon vor Zeiten nicht vergessen anzuerkennen, und in einem
jähen Vorgriff diesmal wieder berührt. Wer vorstehenden Untertiefer
hat, kann der Gesichtslinie nachhelfen, indem er den Schnurrbart
wachsen läßt, das Kinn rasirt. Wer Rüssel= oder Mausprofil hat:
vorragenden Oberkiefer und Oberlippe, der kann die Mißform mäßigen,
indem er umgekehrt sich wohl hütet, den Schnurrbart stehen zu lassen,
dagegen am Kinn Vollbart trägt. Das sieht zwar an sich widerwärtig
aus, englische und amerikanische Geldgesichter tragen es gern, aber es

ist in diesem Fall das kleinere Uebel. — Im Allgemeinen steht
ganzer Bart zwar keineswegs im Einklang mit unserem völlig draperie=
losen, rein kapselartigen Kleidersystem, denn er hat Styl und dies
System ist styllos. Trotzdem ist mit ihm doch ein Stück Natur
gewonnen.

Am Rock sind die Schöße geblieben wie vor neunzehn Jahren,
sie gleichen immer noch der Fischflosse, wenn sie nicht in Bewegung
ist, sondern anliegt. Weiß der Himmel, warum diese Unform so zäh
festklebt, nachdem das Motiv der Reaction gegen den männlichen
Krinolin=Rock, der von der Taille aus in Falten und „Locken" weibisch
abstand, doch gegenstandslos geworden ist. Die Brust des Rockes,
vollends wenn die Aermel weit sind, also auch an der Schulter schon
weit ansetzen, läßt immer den Körpertheil, den sie bedeckt, breiter er=
scheinen als er ist, und das ist ja nur ganz recht, denn die Brust ist
die Zierde des Mannes; da aber hier der natürliche Umfang ver=
mehrt wird, so verlangt ja das Gesetz der Symmetrie, daß nach unten
entsprechend zugegeben werde, d. h. daß die Schöße etwas abstehen,
natürlich sehr mit Maß, sonst ergibt sich ja eben die bekämpfte
Weiberform. Unsere deutschen Waffenröcke haben ganz den rechten
Schnitt, aber vergebens zeichnet man dem Schneider einen solchen vor,
wenn man eine vernünftige Hülle haben möchte; der weiß ja nichts
von natürlicher Form, nur von Mode und Schablone. Die Taillen=
knöpfe irren wie immer um die von der Natur fix gegebene, beim
Soldaten durch die Gurtkuppel der Modewillkür streng entzogene
Marke, die Leibestaille, auf und ab; bei den langen Officiersröcken
sitzt sie gewöhnlich drüber und so bilden denn die gedehnten Schöße
ein philisteriöses, ödes oblonges Feld, auf dem so lang nichts vor=
kommt, daß es selbst zu gähnen anfängt, was ihm sehr erleichtert ist,
da die engen Schöße nothwendig hinten auseinanderklaffen: ein tristes
Gebilde, das mehr einen Canzlisten als Soldaten ankündigt.

Jetzt geht da Einer gar im Schlafrock Morgens zum Brunnen,
dachte ich erstaunt vor einigen Jahren in Karlsbad, als ich einen
Polen in einem langen, graugewürfelten Bettkittel herlottern sah.
Naive Entrüstung! Es war ein Ueberzieher, der nur zu bald Mode
werden sollte und jetzt täglich mehr einreißt. Diese sarmatisch bar=
barischen grobtuchenen, bis zum Knöchel reichenden Kutten (Ulster oder
wie das Zeug heißt) verdrängen mehr und mehr den Paletot mit
seinem doch immerhin freieren, luftigeren Wurf und seiner immerhin
feineren Physiognomie. Sie haben einen halben Hüftgurt, unter
welchem, da sie häufig zu eng sind, meist der Popo sich drangvoll
herausdrückt, und unter dieser Wölbung spannen sie sich wieder knapp

einwärts den Knieen zu, als hätte der Träger soeben einen Tritt unter den Sitz bekommen, worauf sie dann in der Tiefe, da sie weibisch lang sind, dumm um die Waden und Knöchel schlenkern: doch gewiß eine der denkbar thörichtsten Redefiguren der Gewandungs=Rhetorik oder Bekleidungspoetik! Einen Mann von auch nur einigem Bild= bewußtsein brächte man in einem solchen Kittel doch nicht aus seiner Hausthüre und wenn man mit einem Sturmbock auf seinen Rücken losarbeitete, ihn herauszustoßen. Nehmen wir vom Früheren noch die Suppenschüssel des Hosenablaufs und oben ein kleines Köpfchen mit kleinem Deckelchen hinzu, so sehen wir ein ganzes Menschengebild in einen Tintenwischer mit einem Kügelchen am Griffe richtig ver= wandelt. Sehr passend zur Gemeinheit des Ganzen wird dieses schlampische Gebilde mit gemeinen Hornknöpfen besetzt. Es ist merk= würdig, wie viel die Knöpfe ausmachen. Der Soldatenmantel, längst kein eigentlicher Mantel mehr, ist dieser Form ähnlich, aber er hat nicht nur die genügende Weite und Kürze, um besagte absurde Figur zu ver= meiden, die Metallknöpfe allein schon geben ihm einen gänzlich anderen, energischen Charakter; Metall bringt immer etwas Ritterliches mit sich, es hebt; es ist das Metall, wodurch die Uniform das weibliche Herz erobert.

Es ist schon gesagt, daß wir kaum Zeit haben, uns nach der Farbe umzusehen. Wie sich der unterdrückte, gequetschte Farbensinn durch traurige Empörungsversuche hilft, davon war im Nothruf von 1859 die Rede. Hier sei im Vorübergehen angeführt, daß man nicht nur zu den Kutten gern zebraartig gestreifte, auch gegitterte, gewürfelte Stoffe wählt (Versuche, das öde Grau zu beleben, zu bepflanzen), sondern daß auch zu Rock und Hosen seit einigen Jahren ein Dunkel= grau oder Schwarz mit ungleichen, regellos zerstreuten weißen Punkten und Flecken fabricirt wird; auch dies findet Käufer und der Beglückte sieht dann aus, als wäre er unter einem Hausverputzgerüst durch= gegangen und mit Kalk bespritzt worden. Geistvoller Scherz! — Zur Damen=Tracht mag wenigstens die Einzelheit nachgeholt werden, daß neuerdings Besetzung des Kleides mit sehr hübschen Borten aufkommt, deren Zeichnungs= und Farbenmuster Motive aus dem siebzehnten Jahrhundert geschmackvoll entlehnt; da es aber die Mode einmal nicht anders thut, als: über Schenkel und Knie muß herübergespannt wer= den, so dient auch dieß an sich wohlgewählte Stück nur, als Ein= säumung der sogenannten Tunika das Ganze der Erscheinung noch mehr zu zerstücken und zu zerschneiden.

Lassen wir die Reihen der Zerrbilder noch einmal vor uns auf= tauchen, welche dieser schwache Versuch vor Augen geführt hat, denken wir sie wie einen Maskenzug uns vorüberzappelnd, so weiß man nicht, ist's zum Lachen oder Entsetzen. In der That, man hat sehr ungleiche Stunden, wenn man über die Straßen geht und umschaut oder in der Erinnerung durchläuft, was man gesehen. Wen ein Gott damit gestraft hat, durchzuzeichnen, unter die im Schein gegebene Form die wahre als Folie zu setzen, wehe dem Armen! Bei Tage geht's noch, das nüchterne, verständige Tageslicht bringt die Stimmung zum komischen Vergleich zwischen Natur und Ungeschmack; wiewol mir meines Theils, ich gestehe es, immer wieder ein Zorn dazwischen fährt, daß ich mich zusammennehmen muß, nicht wenigstens die schnödesten Caricaturen mit der Frage anzuschnauzen, ob sie denn die Natur und Menschenwürde aber auch ganz mit Füßen treten wollen. Doch man schluckt's hinab und lacht wieder. Aber Abends, wenn Phantasie und Nerven aufwachen, Nachts in der Schattenwelt des Traumes, da kommt's anders. Da heben sie sich wie Geister aus den Grüften der Tageserinnerung und kommen über den stöhnenden, alpgedrückten Schläfer wie jene Schemen, die den heiligen Antonius auf den niederländischen Bildern umspuken, wie rasende Trabantengöckel mit wilden Kämmen und flatternden Schwänzen, wie Ungeheuer der Urmeere und des Urschlamms mit pankenartigen Bäuchen, geflügelte Eidechsen mit Krokodilrachen, Rochen mit Cylindern auf dem Kopf, Polypen ohne Kopf mit scheußlichen Fangarmen, ganz decolletirte Walfischmütter, Seeschlangen mit Chignon, Alligatoren mit Frackschwanz, riesige Urhaye in Bettkitteln, Dürrteufel ohne und Dickteufel mit hochgeschwollenem aufgebauschtem Hintern, — eine wilde Jagd, Wodans wüthende Meute, ein Larvenzug, ein Hexenelement, alle Fratzen der Wolfsschlucht — und in Schweiß gebadet röchelt das halbtodtgehetzte Opfer.

Aber wahnsinniger Mensch, wirst du nicht endlich zur Vernunft kommen? — höre ich einen bedächtigen Freund sagen, der theilnehmend an mein Lager getreten ist, mir den Puls fühlt, mir die Hand auf die feuchte Stirne legt. Ich weiß, was er unter Vernunft versteht. Ja, es ist hohe Zeit, daß wir das niederschlagende Brausepulver einnehmen, bestehend einfach in der Besinnung auf ein Gesetz. Mag eine Erscheinung noch so wirr und toll aussehen, sie wird uns nicht aufregen, wenn wir erwägen, daß dies Chaos der Willkür doch nicht pure Willkür ist, sondern im Dienste einer Nothwendigkeit steht. Diese ganze Mode-Narrenwelt meint nach Belieben nur ihrer geschmacklosen Eitelkeit zu fröhnen und gehorcht in Wahrheit unbewußt einem unsichtbaren Regenten, der sie nöthigt, den innern Charakter einer Zeit, ihre Stimmung, Gesinnung, Auffassung, Sitte symbolisch im Aeußern, im Kleide darzustellen. Diesen Satz in seiner wohlbekannten Wahrheit haben

wir nie geleugnet, schon in der mehrerwähnten Krinolinen-Threnodie
pflichtschuldig anerkannt und wiederholen ihn nur, damit man nicht
meine, wir haben ihn rein vergessen. Es ist ein Instinct, ein ganz
dunkler Trieb, an dem der geheime Regent die Menschen packt
und durch den er sie nöthigt, durch ihre Hülle zu enthüllen, wie ihnen
zu Muth ist. Dieser Instinct ist es, der nicht nur die Tracht, sondern
auch die Mode schafft. Es ist in der Geschichte der Culturformen
längst aufgekommen, daß man diese beiden Begriffe wol unterscheidet.
Auf den ersten Blick scheint nur die Tracht vom Instincte, die Mode
von freier Willkür dictirt. Die Tracht ist constant und conservativ,
wiewol natürlich nicht ewig!, sonst könnte sie nicht charakteristisch sein,
denn der Charakter der Zeiten und Völker wechselt; aber sie eilt nicht
mit dem Wechsel, sie verändert nur unwesentlich im Kleinen, bis die
Zeit reif ist, im Großen zu verändern. Das bleibt so bei den Völkern,
bis auf einmal ein unruhiger, spiegelhafter, wuselicher Geist in die
Welt fährt; so etwas war der Fall in Griechenland, als die alte Sitte
zerfiel, noch viel mehr im üppigen Rom der Kaiserzeit; eigentlich aber
ist es eine Erscheinung der neueren Zeit, denn es setzt voraus, daß die
Nationen aus der antiken Absonderung herausgetreten sind und neue
Culturformen rasch an ganze Völkergruppen sich mittheilen; was wir
Mode nennen, kam, wie gesagt, zum ersten Mal um die Mitte des
vierzehnten Jahrhunderts, nachdem die Kreuzzüge die europäischen
Völker in lebhafte Wechselberührung gesetzt hatten; Tollheiten aus
diesem ersten Carneval des neuen Dionysos, wie Schnabelschuhe, Glöck-
chen an Ellbogen und Knöcheln, haben wir seiner Zeit schon erwähnt;
es wäre zu erzählen von gezackten Hängeärmeln, Theilung des Rocks
und der Hosen in verschiedene Farben des Tuchs („zerhouen Tuoch")
und manchen anderen Späßen, von den Kleiderordnungen, durch die man
der Tollheit und Ueppigkeit zu steuern suchte, und von deren begreiflicher
Vergeblichkeit; doch wir schreiben hier keine Geschichte; der oder die Wiß-
begierige mag etwa nachschlagen: „Die deutsche Trachten- und Moden-
welt. Ein Beitrag zur deutschen Culturgeschichte von Jakob Falke,"
und von demselben: „Zur Cultur und Kunst. Studien von" —.

Man kann sagen, daß die Mode, so bunt sie es auch in den
folgenden Jahrhunderten trieb, doch ihr innerstes Wesen erst seit dem
vorigen erreicht hat; denn der Grad von Selbstbespieglung, der ihre
Physiognomie charakterisirt, ist modern, ist eine Frucht der scharfen
Zuspitzung der Reflexion, zu welcher die Gedankenströmungen des acht-
zehnten Jahrhunderts das Bewußtsein gewetzt und geschliffen haben.
Trotzdem ist die Mode so gut instinctiv als die Tracht; die hellste
Bewußtheit kann nicht über den Instinct hinaus, auch die Mode

drückt in dunklem Drange noch etwas Anderes aus, als sie will, und die scheinbar höchst naturlose Unruhe ihres immer rapideren Wechsels ist eben das unfreiwillige Geständniß, daß es die Geister sind, deren sich die Hast, die Unmuße bemächtigt hat. Die Mode ist nur die jüngere, ausgelassene, quecksilbrige, grenzenlos eitle, Stände und Nationen herrisch über Einen Kamm scheerende und doch mit allen Hunden der Neuerungssucht gehetzte Schwester der Tracht. Dieser nachgeborne Kobold hat die Aeltere, Gesetztere auf's Land verbannt. Daß es Schwestern sind, erkennt man an Erscheinungen, durch welche die Ehrwürdigkeit der älteren allerdings bedenklichen Abbruch erleidet. Tracht im guten ungebrochnen Sinne des Wortes ist z. B. die Juppe, ein sehr kleidsames Stück, dem aber alle Anläufe mißlingen werden, in den Modesalon einzudringen; sie wird dem Städter nur auf der Jagd, auf der Gebirgsreise, auf dem Schießplatz, zur Noth noch Abends im Wirthshaus verziehen. Versuche, sie zu verfeinern, gerathen nur in Widerspruch mit ihrer groben Ehrlichkeit. In ihrer Form ist sie allerdings nicht so urthümlich, als es scheinen möchte; es war städtische Beweglichkeit des Sinns, dem es im vierzehnten Jahrhundert einfiel, den früher stets hemdartigen Rock vorn zu schlitzen; er hieß nun Schaube, Joppe, Juppe (das Wort ist nicht einmal deutsch, sondern romanisch, wol ursprünglich arabisch) und war dann etwas sehr Modernes; aber das Landvolk der deutschen Gebirge machte sich diesen Rock nicht anders als aus grobem Lodentuch, die Form des taillenlosen Rocks ohne Halskummet (umgelegten Kragen) hat sich nun im Lauf der Zeit mit diesem Stoffe vermählt, und dies Ganze ist so ein gut Stück Tracht geworden. So ist auch der tirolische und italienische Spitzhut eine Modeform des sechszehnten Jahrhunderts. Dagegen kann es auch geschehen, daß ein ganz unsinniges Stück aus der vertrackten, überbewußten und doch so dummen Modewelt auf unbegreifliche Weise am Volk hängen bleibt und hier Jahrhunderte lang sich erhält, also ganz Tracht wird; so ist in einigen Thälern der Salzburgischen Alpen und in der Ebene von Dachau der widerliche Hüftwulst des Weiberrocks, verbunden mit unendlicher Faltenmasse, hängen geblieben, eine ächte Modelaune des siebzehnten Jahrhunderts, eine geschwollene Drüse skrophulösen Städterthums, damals „Speck" genannt und Ziel der derbsten satyrischen Geschosse, deren eines, von dem groben Schützen Moscherosch abgeschossen, wir nur verschämt in griechischen Lettern vorzuzeigen wagten, als wir in unsrer frühern Homilie von der Geschichte des Reifrocks handeln mußten. Das kann man nun freilich kein ungebrochnes gutes Stück Tracht nennen.

Die Mode also spielt und spielt und wirft manchmal ein zu=

fällig gutes, manchmal ein höchst verkehrtes Theil ihrer raffinirt launischen Erfindungen über die Stadtmauer auf die Aecker, wo sie vom Landvolk aufgegriffen und nach und nach zum altersheiligen Erb= stück, also ganz zur Tracht wird.

Wir können aus der Mode, nachdem sie einmal die Stelle der Tracht eingenommen, nicht heraus; sie repräsentirt ja, wie wir uns soeben gesagt, durch und durch den scharf geweckten Geist der modernen Bildung, freilich mit allen seinen Unarten, aber sie repräsentirt ihn; das Gebiet der Tracht dagegen liegt im Elemente des gebundenen Geistes; die Tirolertracht ist malerisch, aber wo sie herrscht, herrschen auch die Pfaffen, und wenn wir, romantisch, ästhetisch, Blut weinen möchten über ihren Untergang, sie muß und wird verschwinden, wenn erst mehr Licht in diese Alpen dringt. Der Türke geht bunt, reich, stattlich, aber sein krummer Säbel steht im Dienst einer Religion, die ihn unterweist, es sei ein gutes Werk, einen Giaur todt zu martern. Daß ein solcher Barbar die schönsten Länder Europas beherrscht, ist unerträglich. Daher haben wir den Russen gegen ihn vorgehen lassen. Dies mag bedenklich sein, aber da den armen Opfern kein Anderer hilft, so „muß denn doch die Here dran". Wenn je die Schläge diesen Barbaren bessern, so muß er auch Turban und Kaftan mit Rock und Hut vertauschen. — Es ist ein schrecklich wahrer Satz: das Interesse der Cultur und das Interesse des Schönen, wenn man darunter das unmittelbar Schöne im Leben versteht, sie liegen im Krieg mit ein= ander und jeder Fortschritt der Cultur ist ein tödtlicher Tritt auf Blumen, die im Boden des naiv Schönen erblüht sind. Wer Ver= nunft und aber zugleich Leidenschaft hat, den wird man daher oft auf Culturfortschritte grimmig schelten hören, zum Beispiel auf Eisenbahnen. Ich habe kürzlich das Kinzigthal wieder besucht, das ich vor vielen Jahren zu Fuß mit der Reisetasche an der Hüfte und mit dem ganzen Glück der Waldidylle in der Seele durchwandert hatte, jetzt durchschoß ich es auf dem neuen Schienenweg, der Legionen von Städtern aus den naturlosesten Culturgebieten in diese herrlichen Einsamkeiten wirft. Diese Fluth wird noch in das letzte Berg= und Waldthal die Aetzstoffe der Cultur ohne ihre Gegengifte tragen. Darüber kann man nun schon einmal tüchtig wettern, während man ein andermal mit herzlicher Bewunderung die unendlichen Wirkungen der großen Er= findung anerkennt und rühmt. So auch, was die Tracht betrifft. Es hilft nichts, die Cultur wird noch alle schönen Volkskostüme erbarmungs= los hinwegstreifen, aber es ist traurig; es ist traurig, aber es hilft nichts; beide Sätze sind gleich wahr und es ist nur menschlich, bald zu klagen, bald sich philosophisch zu ergeben.

Die Mode ist nivellirend, Völker wie Individuen eingleichend. Sie ist allgemein, sie spricht den Contact der Völker und sie drückt, unter vielen widersprechenden Ausweichungen zwar, doch im Wesentlichen aus, was den neueren Culturvölkern gemeinsam ist. Dies Gemeinsame ist vor Allem: rasche Beweglichkeit, Kürze aller Bewegungen. Wir wollen die Materie beherrschen, wir haben schlechterdings keine Zeit übrig. Sehr beleuchtend ist das Beispiel der Sprache. Alle modernen Cultursprachen bestehen aus Schutt von zermahlenen alten, und die Zerreibung kommt ebendaher, daß wir zu vollen organischen Flexionen, gedehnten Bildungssylben, reichen Formen jeder Art keine Zeit mehr haben. Mennisko für Mensch, Amisala für Amsel, salbota für salbte wäre uns zu lang. Von der Lautfülle des Latein hat unter den romanischen Sprachen am meisten das Italienische behalten und ebendarum kann man in reinem Italienisch nicht commandiren, z. B. al piede l'arma (bei Fuß 's Gewehr!) ist zu schleppend, es mußte in pè l'arm verstümmelt werden. Ganz ebenso haben wir nun auch keine Zeit mehr, Kleidungsstücke an uns zu führen, die, nicht nach dem Leibe genäht und geschnitten, in jedem Moment auf's Neue drapirt werden müssen; das Kleid soll von selbst mitgehen. Die Unbequemlichkeit vieler weiblicher Moden, wie z. B. die Schleppe, verändern daran nichts, kein Weib wüßte sich jetzt in einem Himation (Toga) zu helfen.

Ein zweiter Grundsatz ist: Verschmähung alles Auffallens durch das Kleid; dies gilt für Mann und Weib, aber für jedes von beiden in anderem Sinne. Das männliche Kleid soll überhaupt nicht für sich schon etwas sagen, nur der Mann selbst, der darin steckt, mag durch seine Züge, Haltung, Gestalt, Worte und Thaten seine Persönlichkeit geltend machen. Es war dies, auch nachdem die Mode längst auf dem Thron sitzt, nicht immer so, aber es mußte dahin kommen, weil es eine Consequenz ihres ausgleichenden Wesens ist. Unseren Großvätern noch galt als ganz natürlich, daß der Eine durch einen rothen Rock mit Goldborten und blaue Strümpfe, der Andere durch einen grünen mit Silberborten und pfirsichrothgelbe Strümpfe sich hervorthun mochte. Wir sind damit rein fertig, gründlich blasirt gegen alles Pathetische, wir haben nur ein müdes Lächeln, wenn Einer durch Anderes, als sich selbst, in seiner Erscheinung sich herausdrängen will, wenn er etwas vor sich herträgt im Sinn des lateinischen prae se ferre. Obwol diese Scheinlosigkeit des Männerkostüms wenig über ein halb Jahrhundert alt ist, kann man doch sagen, sie bezeichne recht den Charakter der Mode, nachdem aus ihr geworden, was ihrer Natur nach im Laufe der Zeit werden mußte. Dem scheint nun die weibliche schnurstracks zu widersprechen, denn sie sucht — nicht immer, aber meist — das Auffallende, sie läßt auch dem Individuum in gewissen Schranken Luft, sich auszuzeichnen. Wie dieser Widerspruch sich löse, wollen wir nachher sehen, vorerst dient er uns im Gegentheil, die blasirte Kahlheit zu erklären, bei der die männliche angelangt ist. Durch dies Luftlassen wurde der schon geschilderten Hetze des wechselseitigen Sichüberbietens in der Frauenwelt Thür und Thor geöffnet; nicht so arg, nicht so toll, aber doch nicht ganz unähnlich wird man sich in der Männerwelt gesteigert haben, bis die nachdenklichere und thätigere Natur des Mannes sich besann, am athemlosen Wettrennen der Weiber sich ein warnendes Beispiel nahm und in stiller Uebereinkunft die allgemeine Entsagung (zwar mit etlichem Vorbehalt) zur Regel machte.

Zunächst ein Wort vom centralistischen Regierungssystem, wie es mit dem nivellirenden Charakter nothwendig zusammenhängt. Die gleichmachende Einheit des Modells setzt auch Einheit des Heeres voraus. Das romanisirte keltische Volk der Franzosen ist tonangebend gewesen, so lange es eine Mode gibt; Deutsche, Engländer, Slaven, Ungarn, Italiener, Spanier haben immer nur Einzelnes, ein Ganzes nur ausnahmsweise aus ihren Trachten durchgedrückt. Es steht nicht in Widerspruch mit dem völkerabhobelnden Charakter der Mode, daß dem so ist. Einer muß doch am Ende vorangehen, das Allgemeine zu schöpfen und durchzuführen. Keines der beherrschten Völker schämt sich seiner Unterwerfung. Wir haben die Mode quecksilbrig und unselig genannt: just dies ist das keltische Temperament (ächt „Gaulois"), das aufgeimpfte Latinische aber bringt den Grundzug des Nivellirens; die römische Herrschaft gieng wie ein Hobel über die Völker. Kein Volk vereinigt beides wie die Franzosen, die glückliche Mischung hat ihnen zudem einen Schick, ein Etwas, ein Talent des Eleganten gegeben wie keinem Volk; wir können ihnen neidlos den Ruhm lassen, in diesem Gebiete Weltherrscher zu sein, werden überhaupt gerne zugeben, daß sie ein geistreiches Volk sind, und uns im Uebrigen nur verbitten, daß sie sich für das erste halten und in allen Dingen Weltherrscher sein wollen.

Doch es ist Zeit, wieder zusammenzubringen, was in der Vergleichung der männlichen und weiblichen Mode sich zu widersprechen scheint. „Verschmähung alles Auffallens" haben wir gesagt. Da könnte es scheinen, als meinten wir in seltsamer Vergeßlichkeit, es schleichen lauter Puritaner und Puritanerinnen auf unsern Straßen. Die Lösung ist einfach; für das Weib lautet die Formel so: du sollst nicht auffallen, indem du in gewissen, jetzt unerbittlich vorgeschriebenen

Grundformen, Hauptstücken von allen Andern abweichst, diese Grund=
formen, Hauptstücke selbst mögen noch so auffallend sein! Der Rahmen
der Mode ist für Alle derselbe, darin herrscht der Hobel, das Ab=
schlichten und Eingleichen beim Weibe wie beim Mann, aber für den
Inhalt des Rahmens fragt sie hier nach keiner Abschlichtung und gibt
ihm Buntheit, ja Grellheit, so viel ihr heuer oder über's Jahr eben
gerade beliebt. Das Füllsel der Tabelle ist ganz und gar auf die
Eitelkeit berechnet. Ferner folgt aus dem Verbot des Auffallens für
die Einzelne nicht, daß ihr nicht ein großer Spielraum für eigene
Einfälle und speciell persönliche Eitelkeit gelassen sei. Der vorgezeich=
nete Canon ist keine Uniform; wie ließen sich Weiber in Uniform
bringen! Treib's wie du magst, in Formen und mehr noch in Farben,
nur den Canon, also z. B. den allgemeinen Schnitt des Kleides, darfst
du nicht übertreten! Die Männerkleidung ist in ihrer strengen Neigung
zum Knappen, bequem Mitlaufenden weit eher der Uniform zu ver=
gleichen, doch auch sie natürlich nur ungefähr; Spielraum ist auch dem
Manne gelassen, nur viel weniger, immer nur so weit, daß der Grund=
charakter des Rahmeninhalts: Scheinlosigkeit nicht verletzt wird. Schlicht=
heit im geschilderten Sinn schließt Satisfactionen der Eitelkeit für den
Einzelnen nicht aus. Gewisse Stellen, Partien sind auch dem Manne
freigegeben, selbst die Farbe, wenn er sich nur nicht erdreistet, nach
einer lebhaften zu greifen. — Zu dem Allen kommt nun noch der
rasche periodische Wechsel und so haben wir wol so ziemlich das
Nöthige beisammen, um uns die Mode zu porträtiren. Eine Dame,
eine weibliche Gottheit, die Urheberin solcher Dinge, ist ja wol selbst
eitel. Sie ist mehr, sie ist auch üppig bis zum Aeußersten, wenn sie
die Laune anwandelt, während sie im nächsten Halbjahr die Grille
haben kann, bigott, klösterlich, nonnenhaft sich zu gebehrden; sie ist
Kokette vom Wirbel bis zur Zehe, kein Zug an ihr ist edel naiv, sie
sieht sich jede Secunde im Spiegel, sie trägt den Spiegel mit sich, in
sich, mitten in der Seele. Aber der steifsten Gouvernante thut sie es
darin zuvor, daß sie bei alledem nie die gleichmachende Dictatur ver=
gißt; hat sie also heute den Einfall, frech zu sein, so sollen Alle frech
sein, keine soll die Frechheit haben, sich von allen Andern dadurch zu
unterscheiden, daß sie nicht frech einhergeht. Freie Pirsch für jede
Fratzerei und dennoch steif durchschlagendes Lineal. Und dieses Lineal
verbindet sich ebenso mit der rinnenden Welle des Wechsels. Wie
ein unartiges Kind, das keine Ruhe gibt, das stupft, scharrt, gambelt,
nottelt, bohrzt, trippelt, so treibt es die Mode, sie thut's nicht anders,
sie muß zupfen, rücken, umschieben, strecken, kürzen, einstrupfen, nesteln,
krabbeln, zausen, strudeln, blähen, quirlen, schwänzeln, wedeln, kräuseln,

aufbauschen, kurz sie ist ganz des Teufels, jeder Zoll ein Affe, aber just auch darin wieder steif und tyrannisch, phantasielos gleichmacherisch wie nur irgend eine gefrorne Oberhofmeisterin altspanischer Obser= vanz; sie schreibt mit eisiger Ruhe die absolute Unruhe vor, sie ist wilde Hummel und mürrische Tante, ausgelassener Backfischrudel und Instituts=vorsteherin, Pedantin und Arlekina in Einem Athem.

Und nun stehen wir erst vor der eigentlichen Schwierigkeit, dem logischen Balkan, Schiptapaß unserer hochgelehrten Abhandlung. Wir haben, wie wir vornherein besorgten, trotz besserem Vorsatz viel ge= scholten und demnach angenommen, wir haben es mit Subjecten zu thun, die imputabel (wenn auch nicht alle reputabel) und verantwort= lich sind. Nun aber hat uns die Schlingung unseres Wegs wieder auf die geheime Macht zurückgeführt, welche an unsichtbaren Drähten diese Subjecte wie Marionetten tanzen läßt, diese Macht ist absolute Regierung, unverantwortlicher Regent oder besser: Regentin, denn wir haben billig aus dem Herrn eine Dame gemacht. Diese Monarchie ist zugleich Theokratie, ihre Gebote sind Offenbarung, sind also un= umstößlich.

Mitten in's Mystische versetzt wollen wir, da wir einmal in diesem helldunkeln Gehölze stecken, in Gottes Namen (hätten wir fast gesagt) uns noch ein paar Schritte weiter hineinwagen. Die Herrscher= weisheit einer Theokratie ruht auf Inspiration. Die jeweiligen Mode= regulative sind also, — da hilft nichts —, sie sind Orakel. Die Putz= macherinnen in Paris, sammt den verschiedenen Damen, halber Ganzwelt und ganzer Halbwelt, mit denen sie zur Tagsatzung sich versammeln, sind Pythien und die Dämpfe aus dem Erdenschoß, die sie in hell= sehenden Zustand versetzen, ein übersinnliches Gas, ausstrahlend vom Geist der Geschichte. Von göttlichem Wahnsinn trunkene priesterliche Organe des geschichtlichen Mysteriums sind neben den Schneidern (und Schustern) auch die Hutmacher; ihr Congreß in Paris ist ein Pfingst= fest, Ausgießung des Geistes; Filialausflüsse davon sind die Zweig= versammlungen, die Provinzialsynoden in andern Ländern, Deutschland z. B., also Leipzig oder meinetwegen Krähwinkel. Die taghelle Ab= sichtlichkeit, womit diese Priesterinnen und Priester, Prophetinnen und Apostel diesen und jenen Plunder aus alten Trachtenbüchern und Modejournalen auswählen, zusammenstellen, den neuen Canon be= schließen, ist purer Schein, ist vielmehr Geisterlicht aus dem Urquell eines geheimnißvollen Centrums, das wir oben bezeichnet haben als eine tiefe Symbolik, welche die Generationen zwingt, ihre Zustände, Grundgefühle, socialen Stimmungen und Vorstellungen in ihren Cul= turformen auszudrücken.

Also Zwang! Der Charakter der Zeiten muß sich in ihren Formen ausdrücken. Also wäre der Mensch unfrei? unfrei just in dem, worin wir ihn doch so recht frei glauben, im Gebiete der beliebigen Wahl seiner äußern Erscheinung? Und wenn hierin, dann wol überhaupt? Es gibt keine Willensfreiheit? Das ist der Knoten, den wir im Eingang als die letzte Ursache unseres Schwankens zwischen leidenschaftsloser Betrachtung und eifrigem Predigtdrang denuncirt haben. Es ist nicht anders, die Geschichtsphilosophie der Mode führt mitten hinein in die Frage: Freiheit oder Nothwendigkeit. Unser Spaß vom priesterlichen delphischen Autoritätswerthe der Sprüche, die von Putzmacherinnen, Schneidern, Hutmachern und ihren Beisitzerinnen und Beisitzern vom Laienstand in die Welt ergehen, ist nicht so ganz nur Spaß. Dieses lockere Völkchen täuscht sich über seine Willkür; es dient einem Gesetze, und wir, die wir uns seinen Sprüchen frei zu unterwerfen glauben, wir täuschen uns um kein Haar weniger. Die Probe gibt sich von selbst: man darf nur rückwärts blicken. Entschwundene Moden reihen sich als Glied in eine ganze Kette vergangener Culturformen. Halten wir diese mit den gleichzeitigen Zuständen der Gesellschaft, des ganzen Gemeinlebens zusammen, so erscheinen sie dem klargewordenen gegenständlichen Blick als ein Ausdruck dieser Zustände, der gar nicht anders sein konnte, als er war, und die tollsten Auswüchse, in denen sich gar kein Sinn mehr entdecken läßt, als ein nicht minder nothwendiger Ausdruck der Kinderei, welche unvertilgbar dem Sterblichen anhängt. Und nun weiter: die jeweiligen Zustände sind das jeweilige Resultat einer unendlichen Verflechtung von Naturbedingungen, Zufällen, Entwicklungen aus gegebenen Thatsachen und freien, der sittlichen Zurechnung unterworfenen Handlungen einzelner Menschen. Allein auch diese freien Handlungen treten für die überschauende Betrachtung eben doch in ein anderes Licht, als für den Blick, der nur in die Gegenwart hineinsieht: auch sie betrachten wir nun mit dem Gefühle: es wird eben, was kann, es kommt eben, was kommen muß, und jedes „wenn" und „hätte" und „sollte" ist müßig, ist leer, ist Wind, ist Null.

Und so hätte Schiller Unrecht mit seinem Wort:

> Der Mensch ist frei geschaffen, ist frei,
> Und würd' er in Ketten geboren. — ?

so wären wir Sclaven jedes Gegebenen, folglich auch der gegebenen Mode? Das kann doch wahrhaftig auch nicht sein! Da gäbe es keine Tugend und kein Böses, kein Verdienst und keine Schuld, kein Lob und keinen Tadel mehr, die Erziehung könnte sich ihre Mühe sparen und die Justiz ihr Schwert einstecken.

Verehrungswürdige Leserin, die Sie mit edler Geduld unsere Grobheiten ertragen haben, üben Sie nun noch die Langmuth, auch eine Ungeschicklichkeit, eine Schwerfälligkeit in den Kauf zu nehmen! Einen gelehrten Brocken in einer Plauderei über die Mode! Der alte Knabe Kant, der Philosoph, hat für Schwierigkeiten wie die, in der wir stecken, den Namen Antinomie aufgebracht. So nennt er es, wenn zwei Sätze, die einander ausschließen, mit gleichem Anspruch auf Wahrheit einander gegenübertreten; da ist z. B. ein Satz: Die Welt hat einen Anfang in der Zeit und Grenzen im Raume, und dem gegenüber steht das Gegentheil: sie ist anfangslos und ohne Grenzen im Raum. Eine solche Antinomie ist es denn, verehrte Geduldige, wovor wir stehen.

„Nun — und wissen Sie eine Lösung?" Ach nein! und wenn Sie mich auf den Kopf stellen, es fällt kein Körnchen von einem lösenden Gedanken heraus! Frei und auch nicht frei! Beides kann nicht zugleich wahr sein und ist doch beides wahr! Die Nothwendigkeit webt ihr Gewebe aus Naturursachen und aus freien Handlungen! Zum Verzweifeln! Unser Eins ist kein Gurko, kein Skobeleff, hier ist kein Sabalkansky.

Wissen Sie was? Wir schleichen um den Balkan herum. Wir helfen uns mit einer Plattheit, mit ein paar ganz seichten, ordinären Sätzen, gegen die ein Zweifel überhaupt nicht aufkommen kann.

Erster Satz: Die Mehrheit der Leute verhält sich in unserer Angelegenheit — auf die wir nun billig wieder zurückkommen — so, daß es gar nicht der Mühe werth ist, zu fragen, zu untersuchen, ob sie eine Willensfreiheit besitzen und nur nicht gebrauchen, ob sie eine solche überhaupt nicht besitzen oder ursprünglich besessen, aber verlottert haben. Vielleicht ließe sich finden, daß ihr Wille nicht frei ist, weil sie versäumt haben, ihre Einsicht zu befreien, und da sind wir schon wieder in Versuchung, schwerlöthige Philosophie herbeizuschleppen, denn da ist ein gewisser Spinoza, der — doch nein, nicht weiter! Genug, dieser Umstand begründet das, was wir schon oben den Schafheerden- charakter genannt haben. Drückt also die Mode mit all ihren Aus- schweifungen den Sinn der Zeit aus: gut, es ist jedenfalls dafür ge- sorgt, daß es nicht unterbleibe, die Organe, richtiger: Maschinen stehen milliardenweis der eisernen Nothwendigkeit zu Gebot.

Zweiter Satz: Daneben gibt es, so wollen wir, erlaubt oder unerlaubt, eben einmal annehmen, eine Minderheit, die sich mit der Einsicht den Willen gerettet hat, — eine Garde der Willensfreiheit. Sie braucht nicht zu befürchten, daß, wenn sie Opposition macht, jenes Gesetz sich nicht vollziehe, denn es bedarf ihrer Dienste nicht, das haben wir soeben gesehen.

Sind nun aber diese Wenigen wirklich ganz frei? Nein, ganz auch sie nicht. Lächerlich werden ist nur bis zu einem gewissen Grade erträg= lich. In einer Tracht umgehen, die sich von Allem, was alle Welt trägt, absolut unterscheidet, ist unmöglich; man würde zu todt gelacht, man würde von Straßenjungen gesteinigt. Wer könnte in Toga und Sandalen über die Linden, über die Königstraße gehen? Das führt auf den Typus, eben hier liegt aber auch ein Rettungsweg für die Kinder der Freiheit, die kleine Schaar der Vernünftigen.

Alles an der Mode ist expressiv, aber nicht Alles auf gleiche Weise. Schon bisher haben wir uns nicht verhehlt: Einiges daran drückt nur aus, daß die Menschen jederzeit Alles übertreiben, Anderes aber die Lebensbedingungen, Gewöhnungen, das Gebahren, den Sinn und Sit (altdeutsch Masculinum) einer gewissen Periode. Jene Be= standtheile wechseln mit Windesschnelle, bilden eine unbestimmbare, meist tolle Formenvielheit, diese erhalten sich oft kürzer, oft länger, stets eine gute Zeit, meist einige, öfters sogar viele Jahrzehnte. Eine solche bleibendere Form nennen die Kostümhistoriker einen Typus. Der Typus ist also mit dem verwandt, was wir im engeren Sinne des Worts Tracht heißen; doch nur verwandt, denn er ist eine Erscheinung inner= halb des Gebiets der Mode, während die Tracht vor und außer das= selbe fällt. Greifen wir rasch nach einem nahen Beispiel! Ein Typus war der Reitermantel als Ueberzieher für alle Stände. Er hat sich von lange her bis gegen Ende der dreißiger Jahre erhalten; er ent= sprach einer weitläufigeren Zeit, als die unsrige ist, denn er belästigt durch den langen Kragen die Armbewegung. Man kann aber sagen: er hatte noch Styl, der lag in seinen großen Faltenzügen, und man sah ihm an, daß er aus früheren Jahrhunderten kam, wo die Mensch= heit noch nicht in so putzigen Kapseln wandelte, wie wir, ja man fühlte, daß sein Urahne die Toga war. Nun ist es aber eben aus mit ihm, denn wir sind um so viel geschäftiger, eiliger geworden, daß wir einen Ueberzieher haben müssen, der keine Bewegung hemmt; so ist der Paletot Typus geworden und wer den veralteten Typus Reitermantel noch trägt, geht als Ruine der Vergangenheit, eine Art alter Römer durch die Straßen. Dagegen der sarmatische Schlafrock, den wir oben ge= brandmarkt haben, wird sich hoffentlich nicht als Typus erweisen und erhalten, sondern als bloße Mode verschwinden. Du kannst also, edler Mitbürger, hierin Herr deines Willens bleiben, du kannst aus der freieren Hülle deines Paletot stolz, würdig und unverlacht über die Schulter hinlächeln auf die wandelnden Tintenwischer.

Mit Wehmuth müssen wir allerdings zugeben, daß zwei spott= würdige Gebilde mehr als Mode, daß sie Typen sind: der Cylinderhut und der Frack. Jener verdankt sein Dasein und seine Dauer zunächst dem Verlangen, dem Kopf durch Höhe und blankes Schwarz der Bedeckung eine gewisse Würde zu verleihen. Das würde nun freilich ein Baret auch leisten, dem sich beliebig verschiedene Größen und Formen geben ließen in guter Proportion zu verschiedenen Köpfen und Staturen; von solchen Forderungen der Symmetrie ist schon im Obigen die Rede gewesen. Allein da ist ein Umstand: wir haben noch nicht vermocht, die lästige Sitte des Hutabnehmens als Begrüßungsform abzuschaffen, nicht gewagt, den vernünftigeren militärischen Gruß einzuführen; daher bedarf es einer Krempe zum Anfassen, eben darum ist Befestigung durch ein Sturmband unmöglich (ein weiches Baret säße ohne das), und so machen wir uns zum Spielball jedes Winds, dem es beliebt, das dumme, steife, in die Stirn schneidende Stück Ofenrohr fortzurollen, wohin er mag, am liebsten in den Dreck. Der Frack ist aufgekommen, weil der Mann ein Festkleidungsstück haben wollte, das die Taille seiner zeigt, als der Rock, und doch den Sitz nicht unbedeckt läßt, wie das Wams thut, dieses unpatentere Bruchstück, dem sich eine Festlichkeit nur geben ließe durch Zierrath von Litzen, Buffen, Verschnürung, was durch die absolute Prosa der Zeit doch verpönt ist. Noch einen anderen tiefgründigen Zweck haben die Schöße des Frackgebildes: man wollte die Taschen nicht opfern, wollte das Schnupftuch unterbringen. Ein besorgliches Dunkel, nur von spärlichen Lichtstrahlen durchdämmert, liegt über die Frage, wie die alten Völker, wie insbesondere Griechen und Römer sich geschnäuzt haben. Im helleren Tageslicht der neueren Geschichte schimmert reinlich das tröstliche Schnupftuch, mit Shakespeares Othello erreicht es tragische Weihe und endlich besagen mit der ächt modernen Schärfe spitzen Fingerzeigs die Frackzipfel: hier gibt es Schnupftuch. Und so hat denn auf mehr als Einen Grund gestützt das Gabelwams, dies zweigeschwänzte Rockfragment Frack, der Kunst ein Greuel, sein Dasein gefristet und wird es fristen wer weiß wie lang? Etwas Trost jedoch bleibt. So viel moralische Kraft haben die letzten Jahrzehnte aufgetrieben, beiden abgeschmackten Formen doch den Raum ihrer Anmaßung zu verengen, gefordert wird Schlosser und Frack nur noch bei Staatsvisiten, Bällen, Repräsentationen. Edleres, seiner Menschheit bewußteres Gemüth, denkenderer Geist, thue das Deinige, diesen Verdrängungsproceß zu verstärken, zu beschleunigen, stelle dich hinüber zu den Geweihten, „der freisten Mutter freisten Söhnen", die der Dichter apostrophirt:

Der Menschheit Würde ist in eure Hand gegeben;
Bewahret sie!

Weit bedenklicher droht der jetzige Damenrock — eben der Bauch=
spanner und Kniewetzer — unseren Typusbegriff in der Bedeutung be=
freiender Aushülfe zu erschüttern. Er behauptet sich seit Jahren mit
einer Hartnäckigkeit, die ihn über die bloße Mode zu heben scheint;
darf er sich anmaßen, Typus zu heißen, so folgt aus unseren eigenen
Sätzen, daß auch für freiere Willenskräfte kein rettender Ausweg ist.
Aber nein! Was so naturwidrig und unbequem zugleich ist, kann
nicht Typus sein, ist nur Mode, nur mehr als gewöhnlich eigen=
sinnige Mode; man muß ihm trotzen können, wenn man nur will,
an uns liegt es, zu sorgen, daß es nicht Typus werde, und —
Halt! Wo gelangen wir hin? Wenn wir das für möglich halten,
durch Kreuzpredigt einen Sturm zu organisiren gegen ein so zähes Stück
Mode, geht das nicht weiter, als nach allen bisherigen Erwägungen
erlaubt ist?

Nein! es geht nicht weiter. Zunächst können wir auf dem
Schmugglerpfad, auf dem wir den Gebirgspaß der schrecklichen Anti=
nomie umschlichen haben, noch ein Stück weiter gehen. Wir haben
unterschieden: die große Menge, bei der es sich der Mühe nicht ver=
lohnt, zu untersuchen, ob sie Willensfreiheit besitze, und eine Garde,
die zwar auch nicht ganz frei ist, aber doch ein Theil ihrer Freiheit
ehrenvoll behauptet. Nun ist aber die Grenze zwischen beiden nicht
durch einen scharfen Strich gezogen, sie ist eine fließende; als gute
Menschen müssen wir annehmen, daß es in der Schafheerde noch unbe=
stimmt viele Rettbare gibt, Seelen, die wir noch dem Wolf Modeunfug
aus dem Rachen reißen, die wir zu uns herüberziehen, zu einem Bund,
einer Verschwörung gegen den Feind einladen können, der da umgeht
wie ein brüllender Löwe. Doch ehrlich gestanden: wir fühlen uns im
Zuge, spitzfindig zu werden. Was heißt diese Auskunft anderes, als
daß wir die Menschen einfach überhaupt für frei nehmen? Was folgt?
Wie stehen wir? Wir haben bekannt, daß wir die Antinomie nicht
zu lösen vermögen. Der Mensch ist frei und er ist das Werkzeug ge=
schichtlicher Nothwendigkeit; beides muß wahr sein, obwol wir es nicht
zu vereinigen wissen, und wenn beides wahr ist, so steht es uns ganz
lustig offen, uns bald auf den einen, bald auf den andern Standpunkt
zu stellen. Wir behandeln die Menschen als frei, rathen, mahnen;
vermögen wir nichts, gibt uns die Zukunft Unrecht, so haben wir uns
nicht schlimmer blamirt, als irgend ein redlich mahnender Onkel, als
Gesetzgebender, Redner, Erzieher, als Alle, die ein bischen Vernunft in
die Leute bringen möchten und öfter durchfallen, als nicht. Die Zukunft
wird unsere Versuche, Appelle freien Willens an freien Willen, eben
auch zu den Nothwendigkeiten rechnen und lächelnd sagen: es wäre ge=

scheuter gewesen, beim bloßen Registriren stehen zu bleiben, aber item, er hat gethan, was er nicht lassen konnte.

Also klug oder unklug, auf Gefahr hin, Kapuziner gescholten zu werden, auf die dünnblaue Möglichkeit hin, daß es etwas nütze, wir lassen den Rappen laufen, wir predigen.

Man sollte meinen, wo nicht so viel Geschmack ist, da sei doch wenigstens so viel Eigensinn, einer dummen, einer entstellenden, einer frechen neuen Mode zu widerstehen.

Geschmack. Was ist Geschmack? Eine schwere Frage, worüber wir uns oft den Kopf zerbrochen haben. Reden wir von dem Gebiete, wo das Schöne rein und frei von bindenden Nebenbeziehungen zum Leben gelangen soll, von der Kunst, so wird Niemand bezweifeln, daß hier weder die Schöpfung noch die Beurtheilung Sache des bloßen Geschmackes ist. Der bloße Geschmack schafft kein Kunstwerk und er ist nicht der Richter, vor den es sich stellt. Große Künstler haben an argen Geschmackfehlern gelitten, ich nenne M. Angelo, Albrecht Dürer, Shakespeare. Wir wollen nun das reine Kunstgebiet vorerst bei Seite lassen, um nachher darauf zurückzukommen. Gerade die Region, worin wir uns befinden, wird uns vielleicht zu einer annähernd richtigen Vorstellung führen. Es wird uns schwerlich bestritten werden, daß man das Wort Geschmack vorzüglich im Munde zu führen pflegt, wenn von Kleidung und verwandten Dingen, wie Ausrüstung von Wohn=räumen, die Rede ist. Aber in zweierlei sehr verschiedener Bedeutung wird das Wort angewendet. Wir sagen: das ist Geschmacksache; Jeder nach seinem Geschmack; über Geschmack ist nicht zu streiten, und wir gestehen damit zu, daß hier ein Gebiet des freigegebenen Beliebens sei. Und das Belieben geben wir den Individuen darum frei, weil es sich um Dinge handelt, worin die Schönheit nicht der einzige Maß=stab ist, weil daneben auch die Bequemlichkeit, der Schutz des Körpers, die Rücksicht auf Zeitbegriffe, und weil endlich noch etwas ganz Un=berechenbares auf dieser Bühne eine Rolle spielt. Dies Unberechen=bare sitzt in den ganz unbestimmbaren Eigenheiten der Individualität genau wie Neigung zu dieser, Abneigung gegen jene Speise, daher der Name auch vom Urtheil des Zungennervs genommen ist. Eine Blon=dine müßte nach dem Farbengesetz Blau zum Kleide wählen; sie hat aber eine Vorliebe für Roth, kein Mensch kann wissen, warum? es liegt im unergründlichen Dunkel des Naturells; sie mag dieser Vorliebe folgen; es gibt in diesen Gegenden keine Polizei, keinen Gerichtshof, treib' es Jeder wie er mag. Es ist oben gesagt, der Geschmack schließe ein Bewußtsein der eigenen Gestalt in sich, wie sie sich ansnimmt und was zu ihr paßt. Ein klares Beispiel, wie Manche durchaus keine

Vorstellung davon haben, ist nachher beigebracht, es sind würdige Männer vorgeführt, die den Hut wie lustige Halbsimpel tief nach hinten aufzusetzen pflegen. Sie mögen; es ist ihre Sache; sie verkaufen sich ja nicht für Gemälde, nicht für Marmorbüsten.

Und dennoch, es gibt eine Polizei, es gibt eine Justiz; wir brauchen das Wort noch in einem andern, in richtendem Sinne. „Er oder sie hat Geschmack — hat keinen Geschmack" sagen wir schlechtweg und behaupten damit, daß auch in dieser, ein andermal ganz freigegebenen Sphäre ein Gesetz herrscht.

Wie bringen wir beide so verschiedenen Arten des Sprachgebrauchs zusammen? Die Antwort liegt auf der Hand: Geschmack haben heißt ein Schönheitsgesetz fühlen und anerkennen, heißt finden, begreifen, thun, was zusammenpaßt, auch in der Region, die doch dem Zufall des freien Beliebens überlassen ist, in der Region, wo keine Kunstrichter Sitzungen halten und rhadamanthische Sprüche fällen. Du bist bleich und liebst Blau. Du magst durch ein blaues Kleid dein Gesicht gelb machen, es steht dir frei, man läßt dir deinen Geschmack, überwindest du deine Vorliebe und wählst helle Farben, die das wenige Blut in deinem Gesichte aufhöhen, so hast du Geschmack.

Nun aber müssen wir auf die Kunst zurückblicken. Ein Shakespeare erfindet einen Macbeth, Hamlet, Lear: das ist wahrhaftig mehr als Geschmack, das ist Schaffen aus dem Centrum und Schaffen eines Centrums für ein Dichterwerk. Aber das Centrum hat seine peripherischen Partien, seine Ausläufer. Eine Statue kann aus dem reinsten, gediegensten Lebens- und Schönheitsgefühl hervorgewachsen sein, es handelt sich dann noch von Haltung einer Hand, Stellung eines Fingers, Legung einiger Falten, Verhältniß eines Gewandendes zu den Füßen, einer Zierrath: da kann den Künstler sein Schönheitsgefühl verlassen, es will nicht ganz in diese Peripherie hinausreichen, und so geschieht es ihm, daß er an diesen Enden geschmacklos wird. Nicht anders der Dichter: ein Charakter ist aus dem Mark und Kern der Poesie geschaffen, aber dort ein einzelnes Motiv, hier eine Metapher, Redefigur fällt matt oder gesucht, überheizt, widerwärtig aus, der herrliche Feuerstrom verläuft sich an einigen Punkten so, daß der Saum nicht des Mittelpunktes würdig ist, ein Schöpfer des Schönen verliert an den Ausläufern seine Sicherheit und wird geschmacklos. Was wir in der selbständigen Kunst peripherisch nennen, hat nun etwas Analoges mit dem gemischten Gebiete, das uns hier beschäftigt: ebenso wie es in der Mode Jedem freigegeben scheint, wie er's halten mag, kann der Künstler meinen, an jenen Ausläufern dürfe er sich mehr gehen lassen, seinen Launen, Grillen, subjectiven Marotten Luft geben, aber ebenso wie man dort dennoch kategorisch sagt, N. hat Geschmack, X. hat keinen Geschmack, so urtheilt man auch über den Künstler, mag er im Kern seiner Schöpfung noch so groß sein, freiweg: er hat zum Genie auch Geschmack, oder: er hat Genie, aber am Geschmack, da fehlt es.

Zurück zur Sache. Also: wir stellen eben doch auch im Gebiete der freigelassenen unendlichen Geschmäcke das Ansinnen: du solltest Geschmack haben! Hat aber Einer eben keinen, ist ihm darin nicht zu helfen, so sollte er, haben wir gesagt, doch wenigstens so viel Eigensinn haben, sich nicht aufzwingen zu lassen, was mindestens im Anfang, wenn es neu aufkommt, ihn vor seinen, obwohl dicken Kopf stößt, was doch nach seinem eigenen, zwar nicht selbständigen, doch durch Vergleichung mit bestehendem Besserem und durch die Stimme der Vernünftigen unterstützten Urtheil geschmackwidrig ist. Ruft denn auch gar nichts in euch: das will ich nicht, mag ich nicht, das geht mir zu weit!? Wollt ihr denn schlechterdings Sclaven sein? Mit unserem eigenen Satz von der pythischen Mission der Putzmacherinnen, Schneider und Hutmacher dürft ihr uns jetzt nicht mehr kommen; das ist erledigt; der Geist der Zeiten muß sich seinen Ausdruck geben, aber ihr seid dennoch frei, es steht in eurer Macht, ob ihr zum dumpfen Haufen gehören wollt, der sicher dafür sorgt, daß nach der Narrengeige getanzt werde. Die Musikanten, die Componisten sind mystische Zauberkräfte und auch nicht; sie sind es, sind absolute Mächte für die blinde Menge, und sie sind unverschämte Nullen für die Vernünftigen. Was! Einigen Hutmachern fällt es ein, statt des zweckmäßigen breiteren Filzhutes ein Affendeckelchen an's Fenster zu stellen, — Achtung! Aufgepaßt! Tagesbefehl! Stimme von oben! der Herr auf dem Sinai, Jehovah im brennenden Dornbusch hat es befohlen! Heilig, wie die zehn Gebote! — Wir kennen die Sprache der Modejournale: „so trägt man's," „das ist erlaubt," „das ist nicht mehr zulässig!" — Was? Wer sind die „man"? Wie Viele geben ein „man"? Wer erlaubt? Wer läßt nicht zu? Woher die Weisheit? Woher die Autorität? Sie thun wahrhaftig, als wären sie der kategorische Imperativ in Person, übersinnlicher Korporalstock aus dem Wolkenzelt, und diesem groben Orakel duckt sich die Schöne, die einer vernünftigen Bitte ihres Verlobten Trotz und Spott entgegensetzt, wie je ein armer Tropf von Rekrut unter der Fuchtel des Exercirlümmels sich krümmte.

Wir müssen die Sache zum Schluß noch unter einen besonderen Gesichtspunkt stellen. Es ist eben doch auch nicht eine Zeit wie die andere. Daß wir in Zeiten der Erniedrigung den Franzosen jede ihrer Moden in all ihre Auswüchse hinein nachäfften, war einfach ein Stück der Erniedrigung überhaupt; daß wir auch in der Zeit der Ehre ihnen

den Vortritt lassen, ist in Ordnung, sofern es nur mit einem Maße
von Vorbehalt geschieht; sie haben einmal mehr Schick als wir. Aber
jetzt, nachdem wir die frivole Raubgier endlich gezüchtigt haben, jetzt,
d. h. nicht heute erst, nein, gleich nach dem Sieg nichts Besseres wissen,
als von den Besiegten nicht etwa eine schöne Form, sondern die ganze
ächt keltische Geilheit herübernehmen, wie sie in der Erfindung dieses
Weiberkleides, in dieser ganzen Art von Aufputz, wie sie in den rohen
Entblößungen auf vornehmen Bällen prickelt und kitzelt — man braucht
wahrhaftig kein Teutone zu sein, um daran einen herzlichen Ekel zu
empfinden. Und diese Verbitterung unserer Siegesfreude kann nur
wachsen, wenn man auch hier bestätigt sieht, was längst bekannt und
unzählige Male gesagt ist: daß uns ja die Leichtigkeit fehlt, das gewisse Schwebende, was der Franzose und noch mehr die Französin
Allem zu geben weiß. Es ist etwas Hanswurstiges im französischen
Blut, ein Rabelaisgeist, der auch dem Frechen ein Theil seines Stachels
nimmt, so daß es mehr noch zum Lachen als zum Zürnen reizt. Bei
uns wird das Alles schwer, erdig, stoffartig, wird bleierner Ernst und
fordert den Ernst des ungetäuschten Urtheils heraus.

Und wie traurig ausdrucksvoll hängt das zusammen mit der
ganzen Stimmung, die über der Nation liegt! Mit der massenhaften
Losung: Genuß und Gewinn um jeden Preis! Lächerlich, wer von
Ehre und Gewissen, wer gar von Idealen spricht! Man hat wahrhaftig Stunden, wo man sich sagt: die politische Erhebung hat den sittlichen Kern der Nation angefault vorgefunden und nimmer wird sie
den Stolz lernen, der andern Völkern schon im Blute liegt; man
könnte fast den unverantwortlichen Frevel begehen, zu wünschen, daß
ein neuer großer Krieg mit anfänglichen großen Niederlagen, die uns
zwängen, zu ungeheuern Opfern uns aufzuraffen, die allgemeine Ueppigkeit zu Boden schlüge und wieder einmal Ernst in die Gemüther
senkte. Vielleicht würde er die Fetzen gleich mitabstreifen. Kunst und
Kunsthandwerk sprechen nicht minder offen als der Kleiderfirlefanz die
gewisse Verbrühtheit aus, welcher die Seelen verfallen sind. Wir
hatten gemeint, der Weg sei gefunden, die Renaissance in der guten
Zeit ihrer ersten und mittleren Blüthe sei und bleibe zum Muster er-
koren. Es fehlt auch nicht an guten Kräften, die treu am Edlen, am
Stylgemäßen halten, aber sie sind nicht in der Mehrheit. Diese weiß
nichts Besseres zu thun, als den Fortgang zum Barocken und Rococo,
dem jene Neubelebung des Klassischen einst Schritt für Schritt ver-
fiel, in erhitzter Eile schneller zu wiederholen. Die Baukunst läßt
den Stein tanzen, schwellen, quirlen, ausschlagen, sich zerfasern und
zerzausen, die Kunsttechnik springt ihr nach und bläht sich und schraubt

sich in Schwulst. Wer's nicht glauben will, der möge nur etwa nach den Modeformen der Standuhren hinsehen. Schon längst hatten wir als Motiv der Gehäusverzierung ein Gebausche und Geplätsch von verwirrten, geschlenkerten Kohl= und Schilfblättern mit Rollen und Muscheln von den Franzosen entlehnt, dazu etwa noch eine kokette, langtragige Figur, eine Diana, Schäferin u. dgl., lauter Formen gleich einer mit dem Absatz ausgetretenen Wurst. Und das strotzt heute noch, ja jetzt erst recht, auf unsern Möbeln, an unsern Auslag=fenstern. Ruhig=maßvolle Form gilt für langweilig. Die Formenwelt soll rufen: Hellauf! wir sind flott und liederlich! — Es wäre auch ein Lied zu singen von der Dichtung, von der Blüthe der Klatsch= und Pasquill=Romane, der Eisenbahnliteratur und vom Theater, wo der hohe Styl und der Ernst vor leeren Bänken spielt und der mussige, übelriechende, aber glänzende Spaß vor vollgepfropften. — Doch es ist Zeit, zum Schluß zu eilen, sonst gerathen wir in's trostlos Unendliche.

Vorher ist nur noch etwas mit der lieben Unschuld abzumachen. Wir haben es oben versprochen, dem Einwurf Rede zu stehen, nur wir seien es, nur unser unreiner Blick, dem die jetzige weibliche Mode in ihrem Haupttheil so frech erscheine. Gutes, sittsames Kind, das in holder Blindheit nicht sieht, was Jene dort an der Seine meinten, als sie dir vorschrieben, deine Glieder zu so unverblümter Deutlichkeit herauszuspannen! Der gekreuzigte Wohlanstand neigt sein Haupt nach dir hin, dann in die Höhe und ruft: Vergib ihnen, himmlischer Vater, denn sie wissen nicht, was sie thun! Im Ernst: Formverderb in der Mode frißt contagiös um sich genau wie Sprachverderb. Millionen Menschen in Deutschland meinen ein R zu sprechen und sprechen ein A, oder ein E und sprechen ein D, wobei wir nicht an organischen Fehler denken, sondern nur an Gewöhnung. Das haben irgendeinmal Großstädter angefangen aus purer Affectation, es ist eingerissen und jetzt saugt es das Kind mit der Luft und Muttermilch ein, nicht ahnend, daß es Affectation ist, aber es ist Affectation und bleibt Affectation. Und so bleibt Dirnenkleid Dirnenkleid, mag auch das Kind im Mutter=leib es tragen.

Nun, und der Schluß? Doch nicht gar noch ein Vorschlag? Gar noch so weit abfallen von dem guten Vorsatz, nur zu registriren, nicht zu dociren?

Ach ja, mit holder Scham müssen wir gestehen, wir haben noch einen Vorschlag in petto, wir wagen es, uns dem Gelächter preis=zugeben bis zu diesem Aeußersten.

Nur dürfen die Spötter nicht hoffen, daß wir ihnen den Spaß

machen werden, eine deutsche Tracht vorzuschlagen. Wir haben es ja gleich vornherein belächelt, daß einige wohlmeinende Frauenseelen zur Kriegszeit mit Artikelchen solches altgermanischen Inhalts in Local= blättchen hervortraten wie „ein Edelknecht, sanft und keck". Thusnelda= Schnepp, Rock, Weste, Gürtel und Locken des armen Sand schlummern seit 1820 in der Rumpelkammer. Wir können nicht aus der Mode heraus, denn wir stehen mitten im Völkercontact, und die Mode kennt keine Völkertrachten. Wir fressen keine Eicheln mehr und als wir sie noch fraßen, hatten wir keine Tracht, sondern begnügten uns mit Wolf= und Bärenfellen. Aber da die Mode doch die Kleidform der geweckten, helleren, obwol darum noch lange nicht vernünftigen Mensch= heit ist und da es in dieser doch auch Einige gibt, die sich Freiheit und Vernunft retten, so sollte man meinen, diese könnten durch Zu= sammenschluß doch so viel erreichen, daß in irgend einem Umfang menschlicher Wohnsitze nur wenigstens den verrücktesten Auswüchsen der Mode Halt geboten würde.

Nun haben wir zugegeben, daß die Ordonnanz der Mode für das Weib lautet: lieber mit Allen frech, als auffällig durch Ab= weichen von dem, was Alle tragen! Tragen sich Alle frech, so ist die Frechheit, nicht zu tragen, was Alle tragen, doch die größere! Wirk= lich, mit Fingern auf sich zeigen lassen, fordert fast übermenschlichen Muth. Die Einzelne vermag nichts. Wie wär' es denn nun aber, wenn Viele zusammenstünden? Ich meine so: etwa zweihundert, drei= hundert Frauen in einer großen Stadt thun sich zusammen, berathen mit Künstlern von Geschmack eine vernünftige Form, — versteht sich, nichts Gesuchtes, nichts Theatralisches, auch nichts puritanisch Einfaches, nur einmal jedenfalls Rückkehr zum Kleid mit einfach fallenden Falten, im Uebrigen wird Spielraum gelassen, werden blos einige Linien gezogen für mancherlei passende, nur Unsinn vermeidende, doch den Einzelnen noch persönliche Wahl anheimgebende Zier in Kopfputz, Schmuck, Ueberwurf und anderen Dingen. Sämmtliche Mitglieder dieser Liga verpflichten sich eidlich, an Einem Tag, womöglich zu derselben Tageszeit, in den neuen Kleidern öffentlich sich sehen zu lassen.

Die Verschworenen begeben sich in Begleitung von Männern, Brüdern, Verlobten, Onkeln — kurz, was sie für Beschützer haben mögen, — in die Werkstatt von Schneiderinnen, Näherinnen, Putz= macherinnen. Besagte Männer versehen sich zu diesem Gang mit guten Revolvern („bewaffnet sie mit Piken" sagt Buttler); sie legen diesen Künstlerinnen die Musterzeichnungen vor und erzwingen sich unter An= drohung augenblicklichen Todes das Gelübde strikten Gehorsams in der Ausführung. Daß es anders nicht geht, leuchtet ein.

Gut. Wenn nun die Gehäuse fertig sind, so führen die Eid=
genossinnen aus, was sie sich geschworen. Freilich können nicht Drei=
hundert zusammengehen, doch nicht anders als in Trüppchen sollen sie
ausschwärmen und übrigens, wie gesagt, gleichzeitig. Auf den Straßen
wird es geben ein Hälserecken, ein Einanderanstoßen mit Ellenbogen,
ein Mundwinkelzucken, ein Flüstern unter den feineren Damen, ein
Stehenbleiben, laut Lachen, Fingerzeigen unter gröberem Volk; aber
all dies trifft erstens nie Eine allein, zweitens muß es nach ganz
kurzer Zeit in sich selbst ersticken, denn der Spottchor wird schlechtweg
erdrückt von der Menge. Und, — was wetten Sie, meine edlen
Heldinnen? — ein paar Tage darauf hängen die reinen Normen, als
deren lebendige Organe Sie sich hervorgewagt haben, an allen Putz=
ladenfenstern, und in vierzehn Tagen ist die Affentracht der Mode mit
Schmach aus dem Felde geschlagen, ist genau so lächerlich, so un=
glaublich, wie dem Gänsevolk bei dem ersten Blick Ihr anständiges
neues Kleid erschien, und die Frechheit kann sich nicht mehr unter den
Satz verstecken, es sei frecher, sich anders zu tragen, als Alle.

Ich bin fertig.

„Cardinal, ich habe das Meinige gethan, thun Sie das Ihre!"

Sie schütteln den Kopf und lachen? Nun ja, dann fällt der
zweite Satz weg, nicht der erste. Dixi et animam salvavi.

Ueber Cynismus und sein bedingtes Recht.

Der vorstehende Aufsatz „Wieder einmal etwas über die Mode“ hat die Redaction der Zeitschrift, die ihn aufnahm, in Verlegenheit gesetzt. Als ich ihn einsandte, sah ich dies voraus, denn ein periodisches Organ hat Rücksichten zu nehmen, wie sie der Einzelne nicht zu nehmen hat, der als solcher einfach auf seine Verantwortung zum Publikum spricht. Ein gediegenes Journal sucht oder hat seine Leserzahl in der guten Gesellschaft. Diese kann und darf in ihrer Mehrheit nicht aus Solchen bestehen, die ihren Codex vom Anstand nicht unbesehen heilig halten. Immer nur Wenige können unter ihren Mitgliedern sein, deren sie sicher ist und die doch einmal genauer nachdenkend sich die Frage stellen, ob denn die Umzäunungen, in welche jenes Etwas, das wir Anstand nennen, das Leben einhegt, gar keine Bresche zulassen, ob es nicht noch andere Gebiete gibt, von denen unvermeidlich Bewegungen ausgehen, die ein Loch in den Hag brechen. Wird nun von einem solchen Organ ein Beitrag zugelassen, der aus dem Bewußtsein hervorgegangen ist, daß solche Gebiete bestehen und daß gewisse Grenzfragen zu ihren Gunsten gelöst werden müssen, weil sie ein höheres Recht haben, als der Anstand, so ist vorauszusehen, daß jene Mehrheit scheu werde, daß sie nicht nur über den einzelnen Fall erschrecke, sondern auch für die fernere Haltung der Zeitschrift Besorgniß schöpfe. Durfte Einer es wagen, über den heiligen Zaun zu setzen oder ihn zu durchbrechen, wer weiß, wie Viele ihm nachspringen werden? Thür und Thor ist, scheint es, dem Unschicklichen geöffnet und wie weit es noch gehen

werde, nicht abzusehen; daß Naturburschenthum, wenn nicht Schlim=
meres, hat, so meint man, Einlaß in den Salon gefunden und die
gute Gesellschaft zieht vor, das Feld zu räumen. Was immer eine
Redaction bereits gethan haben mag, durch ihre Praxis zu verbürgen,
daß hier keine Gefahr sei, man wird dunkel befürchten, es möchte bei
der Ausnahme nicht bleiben, sie könnte in die Lage des Zauberlehr=
lings gerathen:

> „Die ich rief, die Geister,
> Werd' ich nun nicht los."

Anders natürlich liegt die Sache, wenn ein Einzelner als solcher,
d. h. in einer selbständigen Publikation es sich herausnimmt, die
Schutzwand zu durchstoßen. Entweder gibt er sich auf den ersten Blick
als Schmutzfreund zu erkennen, dann läßt man ihn einfach stehen,
d. h. man wirft seine Blätter weg und überläßt sie den Schichten der
Gesellschaft, in denen der unsaubere Autor offenbar zu Hause ist.
Oder man sieht ihm an, daß er nicht danach angethan ist, als könnte
es ihm einfallen, Cynismus zu treiben ohne Grund und Grenzen;
man kennt ihn vielleicht schon vorher hinreichend, um dessen versichert
zu sein, oder man entnimmt sich diese Bürgschaft aus der Mischung
der Bestandtheile in der jetzt vorliegenden Arbeit, oder Beides trifft
zusammen. Dann wird man sich nach dem ersten Schrecken besinnen
und denken: der Mann wird seinen Grund gehabt haben, diesmal
diesen Ton zu greifen und ein andermal, wenn ein solcher Grund nicht
besteht, es unterlassen. Die Ueberlegenden werden diesen Grund er=
kennen und das Ihrige thun, die Aengstlichen zu beruhigen. Und
übrigens kann man ja abwarten; sollte des Grundes nicht genug zu
entdecken, sollte also der Mann doch auf eine abschüssige Fläche ge=
rathen sein, es wird sich ja finden.

Dies Alles pflichtmäßig erwägend schrieb ich bei Uebersendung
meines Manuskriptes, man werde starke Stellen darin finden und ich
würde in voller Anerkennung der Rücksichten, die eine Redaction nehmen
müsse, eine Ablehnung nicht im Geringsten verübeln. Diese zog es
vor, anzunehmen und sich durch die bekannte Vorbemerkung, so gut
es gieng, zu helfen. Soviel über diesen Hergang; ich habe ihn zur
Sprache gebracht, weil die Unterscheidung einer selbständigen Publi=
kation und eines Beitrags für eine Zeitschrift zu Bemerkungen führte,
die mir als Einleitung zum Folgenden dienlich erscheinen.

Wirklich möchte ich gerne glauben, die Arbeit wäre verständiger
aufgenommen worden, wenn sie nicht in einem Rahmen erschienen
wäre, welcher den Begriff: Pflichten der Rücksichtnahme in den Vorder=
grund stellte und hiemit zum Voraus einen falschen Maaßstab nahe

legte. Schreibt Jemand über die Mode, so kann der leitende Maß=
stab der Beurtheilung dessen, was er vorbringt, einzig und allein in
der Frage bestehen: hat er richtig gesehen? Hat er mitgebracht, was
von dem, der über Formen schreibt, in erster Linie zu verlangen ist:
ein normales Auge? Statt danach zu fragen, hat alle Welt nur nach
den Händen gesehen und· gefragt: hat er Glacée=Handschuhe an oder
nicht? Nach dem Auge zu sehen ist Keinem eingefallen. Ich habe
ja doch zum Beispiel nicht blos von der weiblichen Mode gesprochen
und ihre jetzige schnöde Unform so scharf angefaßt, sondern auch von
der männlichen, wobei es sich um solche Dinge gar nicht handelte, die
zu starkem Ausfall gegen Schamlosigkeit herausfordern, sondern un=
bezweifelt einfach um richtiges Urtheil über Formen. Ich habe zum
Erempel behauptet: verjüngte Kopfform des Hutes macht ein breites
Gesicht noch breiter, — habe ich Recht oder Unrecht? Auf solche
Formfragen, also auf das Technische des Gegenstands, ließ kein Mensch
sich ein. Hübsch manierlich oder grob? Zahm oder wild? Das war
die einzige Frage, welche die Armuth der Kritik aufzubringen hatte.
Nun kann und darf man dies allerdings a u ch fragen, denn alles Ge=
druckte unterliegt natürlich auch diesem Gesichtspunkt, aber er ist nicht
der erste, obwohl er allerdings in innerem Zusammenhang mit dem steht,
der wirklich der erste ist. Und dieser Zusammenhang ist ein Verhältniß
der Abhängigkeit. Die Frage: zahm oder wild? beantwortet sich an=
ders, wenn ich richtig, anders, wenn ich unrichtig gesehen habe. Finde
ich die jetzige Mode in manchen Theilen formwidrig, in einem großen
Theile frech und habe ich dabei Unrecht, so habe ich nur die innere
Unform der eigenen häßlichen Seele in den Gegenstand hineingesehen
und die Derbheit, womit ich spreche, ist nur die andere Seite dieser
subjectiven Häßlichkeit; habe ich aber Recht, so ergibt sich hieraus das
weitere Recht, das Häßliche, das ich im Objecte richtig gesehen, auch
häßlich zu nennen. Dazu kommt dann noch ein einfaches Menschen=
recht: ich habe billig anzusprechen, daß man begreift, ein Mensch be=
stehe nicht aus Holz, Blech und Stein und es sei ihm nicht zuzu=
muthen, daß er beim Anblick einer widrigen Formenwelt kaltes Blut
bewahre. Wer nicht sieht, wer mit stumpfem, nicht durchzeichnendem,
die gegebene Form nicht an der wahren Naturform messendem Auge
über die Straßen und durch die Säle geht, hat gut ruhig bleiben:
wer sieht und auf Tritt und Schritt jahraus, jahrein Zerrbilder um
sich sieht, der hat ein Recht, endlich wild zu werden. Doch dies ist
zu bescheiden gesprochen, denn es klingt eben doch wie bloßer Anspruch
auf schonende Beurtheilung einer verzeihlichen Schwäche, wodurch das
Vorbringen der Wahrheit einen Zusatz im Ton, eine Färbung erhielt,

die nicht zum Inhalt zu gehören scheint. Es handelt sich aber nicht um Erlaubniß, in einen Affect zu verfallen, sondern streng sächlich um die Frage, ob ein gewißer Ton nicht das nothwendige, d. h. einzig naturgemäße Ergebniß des richtigen Sehens ist. Ich nenne ihn wild; das Wort soll zweierlei bedeuten: derb im komischen Sinn gegenüber einem Theil der gegebenen Erscheinungen, derb im Sinne des Aus=bruchs ernster Empörung gegenüber einem andern Theile; man be=greift, daß ich unter dem Ersteren Alles verstehe, was verkehrt, aber sittlich unschädlich, wenigstens nicht direct schädlich ist, unter dem Zweiten das Schamlose. Wir kommen darauf zurück; die hier auf=geführte Unterscheidung wird uns weiterhin wichtig und fruchtbar werden, ich faße nur erst meinen obigen Satz in die Worte: habe ich nicht gutes Recht, mit lebendiger Wortkraft das Häßliche häßlich zu nennen, so will ich lieber ganz Unrecht haben, und nehme nun zunächst meinen Faden wieder auf.

Wir müssen jetzt von dem zufälligen Umstand absehen, daß das Erscheinen dieser Kritik der gegenwärtigen Mode in einem Journal auf die Erwartung stoßen mußte, man werde etwas im Sinne des ge=wöhnlichen Anstandsbegriffs Wohlgesittetes zu lesen bekommen, und daß die Enttäuschung Verdruß erregte. Die Mehrzahl hätte sich auch ohne das über ihre Rauhheit entsetzt. Gewiß wenigstens die unendlich Vielen, denen die Mode das ist, was — sie eben ist: eine absolute Autorität, eine zweite Religion. Es war diesen Unzähligen freilich nicht geschmeichelt. Man sah der ersten bis zur letzten Zeile an, von welcher Tarirung dieser frommen Menschenart sie eingegeben sei. Sie hatten erwartet, ich werde die Draperie ihrer Göttin mit Sammthandschuhen befühlen. Etliche darunter — sie waren in ihren geistreichen Anzeigen leicht zu spüren — hätten noch etwas Anderes gar gern erlaubt: einige nied=liche fein zweideutige Winke über gewisse durchsichtige oder draperiefreie Reize der Göttin, eingegeben vom und gefällig dem inguinalen Stand=punkt, der ihre Stärke ist. Diese haben erstaunt aufgesehen und es dann spottenswerth gefunden, daß es gar auch noch eine Moral geben soll und daß sie nicht viel Umstände zu machen pflegt. Ein so moderner Gegenstand so unmodern behandelt! Es war nicht zu verzeihen; so grob und so unpikant, auch nicht ein einziges Zötchen — es war lächerlich.

Man begreift, daß ich nicht zur Feder gegriffen habe, um den beschriebenen Artikel gegen seine Widersacher und gar gegen die letztere Gattung derselben zu decken. Ich läugne zwar nicht, daß bei manchem Einwurf, wie solche allerdings auch von anhörenswerther Seite ge=kommen sind, der Drang der Gegenwehr sich regen muß, ja daß auch) unvernünftiger Vorhalt das natürliche Gefühl zum Gegenstoß anreizt, aber versichern kann ich, daß dieser Zweck allein mich nicht entschieden hätte. Man soll die Literatur nicht vermehren, nur um sich seiner selbst anzunehmen. Aber Begriffe klarstellen: das ist ein Zweck, der zum Schreiben berechtigt und auffordert. Und der Begriff, um den es sich hier handelt, bedarf der Klarstellung; sie ist nicht leicht, fordert eine Reihe dialektischer Unterscheidungen, ist meines Wissens noch nirgends gründlich vorgenommen und ich gestehe, daß ich selbst durch die neuere Erfahrung erst gemahnt worden bin, mir über die Gründe meines guten Rechts deutlichere Rechenschaft abzu= legen, als zur Zeit, da ich in raschem Zuge niederschrieb, was seit Jahr und Tag die jetzige Mode zu denken gibt. — Nachdem ich übri= gens einmal an diese Arbeit gegangen bin, wäre es nur gesucht, wenn ich von ihren Ergebnissen nicht auf den Artikel die Anwendung machte, der doch die Veranlassung einmal gegeben hat; warum das Concrete meiden, wenn es just am Wege liegt?

Ich soll in der Art, wie ich mich ausließ, den Anstand verletzt haben. Wie nennen wir diese Verletzung? Ihr Name sollte den Titel abgeben. Schon dieser war schwer zu finden. Ich dachte, nur eine ungefähre, negative Bezeichnung zu wählen und zu setzen: „Ueber die Grenzen des Anstands" oder etwas gedehnter: „Ueber die noth= wendigen Grenzen im Einhalten des Anstands". Die letztere Wendung wäre von Schiller entlehnt; seine Abhandlung „Ueber die nothwen= digen Grenzen beim Gebrauch schöner Formen" ist wenig beachtet und doch gleich wichtig an sich wie für den Entwicklungsgang der An= sichten des edlen Denkers und Dichters. Schiller fühlte offenbar, daß er die ästhetische Bildung überschätzt hatte, als er ihr in seinem Gedichte: Die Künstler und in seinen Briefen über die ästhetische Erziehung des Menschen die große Rolle zuwies, geradezu das ungeheure Werk der Menschenerziehung zu übernehmen bis zu der Station, wo der Mensch fähig sein soll, die scheinlose Wahrheit und das strenge Sittengesetz frei vom einhüllenden Reize des Schönen zu fassen und zu befolgen, als er kühn vertraute, daß unter der Hülle der schönen Form die Völker und Individuen das Wahre und Gute in sicher leitender Ahnung schon mitbekommen. Er ließ im selben Jahre (1795) schon den genannten Aufsatz folgen. Jetzt unterschied er streng die Fälle, wo der Mensch dem Schönheitsgefühle als einem gefälligen Surrogat für die unerbittliche Pflicht und den strengen Begriff sich überlassen dürfe, von denjenigen, wo es heißt: scheiden! Entweder, Oder! Hier gebietet entweder die Vernunft, das Sittengesetz oder das Gefühl, die Einbildungskraft, der Geschmack, und wenn jene, so gibt es keinen

Compromiß mit diesen! Schiller kehrt sich nun vor Allem gegen die
spielende Unterrichtsmethode, wie sie damals aufgekommen war, und
gegen das Belieben unterhaltenden, bilderreichen Vortrags, wo strenge
wissenschaftliche Methode gefordert ist — das Letztere gewiß eine
Mahnung, die für unsere Zeit nichts weniger als verspätet kommt, —
dann aber gegen die moralische Verweichlichung durch einseitig ästhetische Cultur. Er greift hier seine Beispiele vorerst aus dem Privat-
leben; er zeigt, wie leicht die Liebe, sonst ein Hebel jeder edelsten sittlichen Kraft, in Versuchung geräth, unbedingte Pflichten zu verletzen
und die Verletzung mit dem Namen eines Opfers für den Geliebten
zu beschönigen, wie leicht wir ungerecht handeln, um großmüthig zu
handeln, wie nahe es liegt, höflich und delikat zu sein auf
Kosten der Wahrheit, unmenschlich, um einer Vorspiegelung des
Ehrgefühls genugzuthun, dann aber geht er auf das politische Gebiet
über und da lautet die Verkehrung: blutig vorgehen, um ein unmög-
liches Ideal politischer Glückseligkeit zu verwirklichen, Gesetze in den
Staub treten, um für bessere Platz zu machen, und kein Bedenken
tragen, die gegenwärtige Generation dem Elend preiszugeben, um das
geträumte Wohl der nächstfolgenden dadurch zu begründen. Man
erinnere sich der Zeit, in welcher er schrieb. Es war eine schönselige
Stimmung, aus welcher die Greuel der Revolution hervorgiengen, es
war die Sentimentalität, welche die französischen „Schindersknechte" zur
Schneide der Guillotine zuschärften; sie hielten für passend, die Leute
zu köpfen, um für Rousseau's Welt-Idylle Raum zu schaffen. Nicht
so empfindsam ist unsere Zeit, doch aber wie unheimlich paßt auf sie
auch dieses schlagende Wort, da jetzt Rousseau's Wahnbild von Freiheit und Gleichheit abermals aufsteht und Gesellschaft und Staat zu
zerstören droht! — Ich muß dem Reiz widerstehen, dies zu verfolgen,
und hebe noch folgende Sätze aus, die sich auf das rein menschliche
Gebiet beziehen und deren zweiter gar leicht auf mein Thema — die
Frage, wo die Artigkeit aufhören müsse — sich anwenden läßt: über-
triebener Hang zum Schönen kann den Charakter verderben; — die
Repräsentation des Sittengefühls durch das Schönheitsgefühl kann
unschädlich sein, aber der Fall verändert sich gar sehr, wenn Empfindung
und Vernunft ein verschiedenes Interesse haben, wenn die Pflicht ein
Betragen gebietet, das den Geschmack empört. —

Ein anderer kleinerer Aufsatz enthält „Gedanken über den Gebrauch des Gemeinen und Niedrigen in der Kunst". Unter dem
Gemeinen versteht Schiller Alles, was einem geistigen Interesse gegenüber
blos sinnliche Bedeutung ansprechen kann, wie z. B. an einem großen
Manne sein Stammbaum, seine Kleidertracht, sein Hauswesen gegen-

über seinen Entwürfen und Unternehmungen. Er unterläßt nicht, sogleich hinzuzufügen, daß es doch nicht auf den Stoff an sich ankommt, sondern auf die Behandlung; diese kann das bloße „Gegenüber" in einen innern Zusammenhang verwandeln; Schiller verweist zunächst auf den Geschichtschreiber; besitzt er Geist und Seelenadel, so wird er auch in dies Untergeordnete ein Interesse, einen Gehalt legen, der es wichtig macht, in höhere Beleuchtung aufnimmt. So nun auch der Künstler, der Dichter. Er kann das Gemeine in seiner Gröbe aufnehmen und durch den Zusammenhang, in den er es stellt, durch irgend eine geistige Beziehung, die er ihm gibt, es veredeln. Schiller steigert vorerst den Begriff, er führt dem Titel gemäß auch das Niedrige ein, das sich — so bestimmt er die Bedeutung des Worts — zum Gemeinen verhält wie konträres zum kontradiktorischen Gegentheil, also wie beispielsweise Bös zum bloßen Nichtgut. Das Niedrige ist nicht einfach nur ein Sinnliches, das durch keinen Zusammenhang mit dem Geist geadelt wird, es besteht in der Rohheit, in der verächtlichen Gesinnung, die das bloß Sinnliche zum Gewollten erhebt und dabei überdies absicht= lich den Anstand außer Augen läßt. Nun wäre eigentlich ein wich= tiger Unterschied einzuführen: der des objectiven und des subjectiven Ge= brauchs der genannten Ingredienzien, nemlich eben des Gemeinen und Niedrigen: es ist natürlich sehr zweierlei, ob ein Dichter oder Künstler es wagt, für seinen Zweck gemeine und niedrige Züge oder ganze Per= sonen uns vor Augen zu bringen, oder ob er im eigenen Namen sprechend den Anstand und die edlere, geistigere Sitte vor den Kopf stößt. Beim zweiten dieser Fälle müssen wir statt: Dichter allgemeiner sagen: Schriftsteller, denn es ist zwar auch an Dichter zu denken, vor= züglich an satyrische, doch ebensosehr, ja mehr noch an literarische Darstellung, Besprechung überhaupt, namentlich an jene, die nicht an wissenschaftliche Strenge und Würde gebunden ist, sondern lebendig an die Gegenwart sich wendet und daher das Recht freierer Bewegung genießt. Kurz und straff, wie er zum Ziele geht, denkt Schiller nur an den ersten Fall und führt nun die zwei Bedingungen auf, unter welchen das Gemeine und Niedrige in die Kunst eingelassen werden darf, die zwei Mittel, für diese unsaubern Figuren das Bürgerrecht zu erkaufen: sie sind das Komische und das Furchtbare. Jeder Bewanderte sieht, daß er hiebei auf Lessing fußt. „Was der Dichter für sich selbst nicht nutzen kann, nutzt er als ein Ingrediens, um ge= wisse vermischte Empfindungen hervorzubringen und zu verstärken, mit welchen er uns in Ermanglung rein angenehmer Empfindungen unter= halten muß. Diese vermischten Empfindungen sind das Lächerliche und das Schreckliche. Wenn unschädliche Häßlichkeit lächerlich werden tann, so ist schädliche allezeit schrecklich," so sagt der große Kritiker im Laokoon; den Styl der Zeit und gewisse Mängel in der Begriffs=Bestimmung wird ein nachdenkender Leser leicht abziehen und sich gern in die schlagende Wahrheit und Fruchtbarkeit vertiefen, die er schon auf den zweiten und dritten Blick diesen Sätzen ansehen muß.

Es ist nun, was wir durch Hülfe dieser Autoritäten gewonnen haben, erst für unsern Zweck zurechtzurücken. Dabei handelt es sich um folgende Punkte:

Lessing hat, wie Schiller, nur die Kunst im Auge; auf sie hin=überzublicken wird in unserem Zusammenhang allerdings gut und lehr=reich sein, an sich aber stehen wir auf einem anderen Boden, auf dem, welcher soeben schon angedeutet ist: diese Untersuchung knüpft sich nicht an ein Dichtwerk, das sich erlaubt hat, anstandswidrige Figuren oder Wendungen vom Stapel zu lassen, sondern einfach an ein Urtheil, das über eine ästhetisch=sittliche Erscheinung ausgesprochen wurde, und sie dreht sich um die Frage, ob es nicht, indem es seinen Gegenstand als großentheils häßlich darstellte, durch die Art seiner Darstellung selbst häßlich geworden sei; dies ist der Anlaß, und die Beantwortung der speziellen Frage führt, wie sich bereits einleuchtend ergeben hat, auf die allgemeine, wann und wieweit Verletzung des Geschmacks und An=stands berechtigt, vielleicht sogar gefordert sei.

Sodann muß genauer genommen werden, was Schiller Geschmack=empörend gemein, niedrig, was Lessing mit allgemeinerem Wort häß=lich nennt. Nicht, daß wir erschöpfend zu Werke gehen müßten; ins=besondere haben wir nicht unmittelbar auf das moralisch Häßliche abzusehen, worauf Schiller in seiner Art zu schnell und ausschließlich lossteuert; allerdings zwar ist unsere Frage ebensosehr eine moralische, als eine Form= oder Geschmacksfrage, ja sie ist das erstere in ganz prägnantem Grad, aber zunächst müssen wir das Häßliche in so all=gemeinem Sinne fassen, daß die eine der genannten Wirkungen, die komische, nicht ausgeschlossen wird, zu welcher ja wesentlich gehört, daß irgend etwas eintrete, was die Betrachtung vom sittlichen Stand=punkt ableitet. Erst im Verlaufe wird dieser in seiner Bestimmtheit aufzunehmen sein, da nemlich, wo unser Weg zu dem führt, was Schiller und Lessing das Furchtbare, das Schreckliche nennen. Diesen letzteren Begriff werden wir erweitern müssen; wir sagen vorerst, wie oben, als wir ganz vorläufig die betreffende Unterscheidung ein=führten, besser nur: ernst, ernste Wirkung; die Stelle wird sich fin=den, wo davon die Rede sein muß, daß es wirklich gelten kann, Stöße so starker Art zu führen, wie sie durch jene Namen bezeichnet sind. Uebrigens wird es sich auch von einer Mischung handeln, worin die komische und die ernste Wirkung zu einer gewissen Einheit sich verbindet.

Wir können unser Thema auch so bezeichnen: es gilt, Schillers kurze Aufstellungen „über die nothwendigen Grenzen im Gebrauche schöner Formen“ und „über das Gemeine und Niedrige in der Kunst,“ — Sätze, die sich in das Bestimmte des Stoffs zu wenig einlassen, weiter zu entwickeln und speziell auch auf das Anstandsgebiet außerhalb der Kunst anzuwenden. „Das Bestimmte des Stoffs“: dazu müssen wir sogleich setzen: und seiner Behandlung.

Es wird auf keinen Widerspruch stoßen, wenn wir nun sagen: diese Behandlung ist überhaupt zu bezeichnen als ein Aufdecken und zwar Aufdecken eines Solchen, was in dieser Aufdeckung ekelhaft erscheint, häßlich im Sinne des Ekelhaften. Und das Prädikat häß- lich oder ekelhaft trägt sich, je nachdem das Aufdecken beschaffen ist, auf den Aufdeckenden über. In den paar Worten: „je nachdem das Aufdecken beschaffen ist“, verbirgt sich, wie man leicht erkennt, eine Welt von Fragen. Wer kurz sieht, wird dies aber nicht finden, son- dern einfach sagen, die Uebertragung vollziehe sich nothwendig auf alle Fälle, denn der Anstand verbiete das Aufdecken schlechtweg und immer.

Das Häßliche, sofern es sich als Prädikat dem Aufdeckenden anhängt, wollen wir nun cynisch nennen und da ich eine kurze Ueber- schrift brauchte, so habe ich einfach gewählt: über das Cynische. Doch etwas mehr vom Inhalt mußte der Titel andeuten; ich fügte hinzu: und sein bedingtes Recht; denn wir haben die Frage nun so zu stellen: ist das Cynische schlechthin unerlaubt, oder, wenn es Bedin- gungen gibt, unter denen es gerechtfertigt ist, welche sind sie?

Natürlich müssen wir nun zuerst näher zusehen, was das Cynische ist, und es muß zu diesem Zweck ein Wort über das Wort voran- geschickt werden. Die Bezeichnung hat ihre Schwierigkeit. Der Aus- druck ist, wie man weiß, vom Hunde genommen. Die Natur hat diesem edelsten aller Thiere einen doppelten Fluch aufgelegt. Seine größte Tugend, die unbedingte Anhänglichkeit an seinen Herrn, hat seinen Namen zum Schimpfwort für ehrlos unterwürfige Menschen gemacht, so im Deutschen, Italienischen, Französischen; die Bedeutung wird von da über alles Niederträchtige, Verächtliche erweitert (canaglia, Hunde- pack). Die zweite unselige Mitgift sind gewisse Gewohnheiten, die den armen Burschen, der nichts dafür kann, zum Bilde des Schmutzigen, des Wühlens im äußerst Natürlichen gemacht haben; das Gebiet ist so unsagbar unanständig, daß die neueren Sprachen vorgezogen haben, das Wort aus einer todten zu entlehnen, wenn der Hund seinen Namen für vergleichbares menschliches Treiben hergeben soll: ein Sprachgebrauch), dem offenbar ein Gefühl zu Grunde liegt, als würde das höchst Widerliche, um das es sich handelt, der Vorstellung bereits zu nahe gerückt, wenn man die Bezeichnung aus der eigenen Sprache holte. Wir sagen: hündisch, wenn von serviler Selbstwegwerfung, dagegen cynisch, wenn von dem gewissen Griff in den Schmutz die Rede ist, der an dieses Gebahren des Hundes erinnert. Da sich das Thier dessen im Geringsten nicht schämt, so muß der Ausdruck Cynismus öfters auch dienen, besonders frech auftretende moralische Gemeinheit zu charakterisiren, eine Gemeinheit, welche vorgeht, als verstände sich das Schlechte, das Ehrlose von selbst; dies ist es, was Schiller im zweiten der genannten Aufsätze das Niedrige nennt. Wir müssen aber in unserem Zusammenhang von diesem letzteren Sprachgebrauch absehen, sonst verwirren wir uns. Es ist spezifisch das Schmutzige, was uns beschäftigt, es ist das turpe, wie es gemeint ist, wenn man sagt: naturalia non sunt turpia — eine Sentenz, mit deren übrigem Sinn wir uns für jetzt noch nicht zu befassen haben. Nicht so einfach, als es einem naiven Leser scheinen mag, beantwortet sich die Frage, was darunter zu verstehen sei. Man muß sich die Mühe nehmen, Unterscheidungslinien durch das ungern betretene Feld zu ziehen; eine derselben ist so wesentlich, daß sie sogleich aufgeführt werden muß, da sie geradezu die Richtigkeit unseres Titels in Frage stellt. Bei dem Worte turpia denkt man an allerhand Schmutziges, das nicht eben in das geschlechtliche Gebiet gehört, und Verletzungen der Scham und Sitte, die in das letztere fallen, nennt man, genauer genommen, nicht cynisch, sondern obscön; da von diesem Gebiete hier ebenso die Rede sein muß, wie von dem der turpia, so müßte unsere Ueberschrift neben dem Cynismus eigentlich auch den Obscönismus nennen. Doch mag die Mitbefassung des Zweiten im Ersten hingehen in Betracht, daß das gute, arme Thier, das den Namen für Schmutzwühlerei hergeben mußte, leider auch im Geschäfte der Fortpflanzung seines Geschlechts keine Scham kennt und in dieser Einen Beziehung allerdings unter der nachtliebenden Katze steht. Man meine nur nicht, es handle sich hier um eine Wortklauberei; der Verlauf wird es zeigen; soviel mag schon hier gesagt werden: Cynismus (jetzt im engeren Sinne des Worts) und Obscönismus ist so sehr zweierlei, daß der derbste Cynismus Kinder-Unschuld sein kann verglichen mit dem kleinsten Obscönismus. Wir werden finden, daß das richtige Gefühl der Menschheit sich jedes andern Tributs, den wir der Natur bezahlen, ungleich weniger schämt, als der Gleichheit mit dem Thiere im Zeugungsprozeß; daraus folgt, daß für Aufdeckungen dieser Seite der Natur, wenn sie nicht abscheulich sein sollen, ungleich strengere Einschränkungen zu postuliren sind, als für Aufdeckungen anderer Art. Man bemerkt, daß ich nur eine Forderung ausspreche, nicht eine Thatsache bestätige, denn in Wirklich= keit verhält es sich umgekehrt: die Gesellschaft erlaubt hundert Zwei= deutigkeiten sexuellen Inhalts, ehe sie Ein derbes Wort verzeiht, das sich z. B. auf die Effluvien bezieht. Es gilt als ungleich häßlicher, den Koth zu nennen, als Zoten zu reißen. Habe ich aber Recht mit dem Satze über das, was das richtige Gefühl der Menschheit eingibt, so ist dies Verhalten nicht ein Kennzeichen unserer Bildung, guten Sitte, sondern unserer Verdorbenheit. Vom Dreck zu reden ist (unter Umständen) roh und gemein, doch weit mehr noch roh, als gemein, auf die Begattung meckernd hinweisen, hinzielen, anspielen ist roh und gemein, doch weit mehr noch gemein, als roh. Der Schweinigel ist ein Kind gegen den Zotenreißer. — Uebrigens ist hier eine weitere Sprach= schwierigkeit zu bedauern: es fehlt ein Wort, das alle verschiedenen Formen der Bloslegung unserer geschlechtlichen Naturabhängigkeit um= fassend bezeichnet, die groben, die mittelgroben und die feinen. Zote ist zu stark für die feinen, Zweideutigkeit zu schwach für die gröberen und groben. Ich werde in dieser Verlegenheit das eine oder andere Mal nach dem Wort Obscönismus, als dem allgemeineren, greifen müssen, obwohl ich, wie gesagt, im Ganzen und Großen unter dem Wort Cynismus mitbefasse, was es bezeichnet.

Der Leser wird spüren, daß diese sämmtlichen Vorbemerkungen keine Nörgeleien sind, wenn er sich nun des Weiteren überzeugt, wie sie unser eigentliches Geschäft uns erleichtern, das wir jetzt ohne fer= neres Zögern in Angriff nehmen.

Wir haben, obwohl nur ungefähr, die Stoffsphären bezeichnet, in welche der Cynismus greift, und sein Verfahren ein Aufdecken, Bloslegen genannt. Aber was ist es denn eigentlich mit „Stoff= sphären", mit „Stoff"?

Es handelt sich, soviel schwebt Jedem auf den ersten Blick vor und ist schon angedeutet, um gewisses Natürliches, das, wenn blos= gelegt, uns Widerwillen, ja Ekel oder durch Verletzung der Scham zugleich Abscheu erregt. Es scheint, dieser Eindruck verstehe sich von selbst, und dies ist eben vielmehr nicht der Fall, sondern dabei ist dies und das vorausgesetzt. Es gibt ein Wesen, es ist die Wissenschaft, das keinen Widerwillen, keinen Ekel kennt, außer sofern sie sich damit beschäftigt, zu untersuchen, worin er bestehe und wie er zu erklären sei; ein Wesen, das die erhabene Schamlosigkeit mit den Göttern theilt, die nicht schamhaft sind, weil sie nichts Unreines kennen; wie denn ja die oberste Göttin es nicht verschmähte, als Juno Cloacina dem Kloakenwesen in Rom vorzustehen. Was, von außen sich aufdrängend, als klebriger, schwammiger, formwidriger, übelriechender Stoff, was als widerlich häßliches Thier uns abstößt, was am eigenen Körper als Ausscheidung des organischen Lebens oder Product von Krankheits= prozessen, was als Zeuge unserer Thier=Verwandtschaft im Geschlechts= leben uns so berührt, trifft, packt, daß wir uns schütteln oder daß wir erröthen oder beides: all dies ist der Wissenschaft einfach nur Gegen= stand des Forschens. Sie weiß, daß an sich der Stoff mit dem Geist in keinem Kontraste steht, daß seine formlosesten Klumpen formlos nur scheinen, seine häßlichsten organischen Gestaltungen doch Glieder der Kette sind, an deren glänzendem Schlusse das hohe Gebilde des Menschen steht, sie weiß, daß die Zeugung ein Wunder von Geist=Act der Natur ist, sie weiß, daß die Natur im Menschen Basis und stetiger Quell des Geistes ist, und sie weiß, daß der reinste Seelenduft der Liebe sich der animalischen Regungen nicht zu schämen hat, die seine Unterlage bilden. Hier gibt es nichts zu scheuen, zu ekeln, nichts zu lachen. Hier ist eine Ruhe, eine gesunde, nüchterne, heilige Kühle.

Aber das Leben will auch Unruhe, Vibration, Oscillation, Lohe. Gefühl, Phantasie schüttelt durcheinander, wirft einander schroff entgegen, was an sich, durch die Reihen der Mittelglieder verbunden, im Frieden der Logik beisammen wohnt. Es ist das Verschwinden oder die Auslassung der Mittelglieder, wodurch diese Stöße, Auf= prallungen, Schnellungen vor sich gehen. Es sind Sprünge. Durch sie entsteht der Schein, daß zwischen den großen Gedanken eines Mannes und seinem Stuhlgang, zwischen den Hochgefühlen der Liebe und ihrem realen Ziel keine Gleichung, keine Brücke sei. Ja es kann scheinen, als ob das obere, das ideale Ende negirt sei, wenn das untere sich so oder so der Wahrnehmung aufdrängt. „So oder so" — : was wir Sprünge genannt haben, muß noch gar nicht durch die Absicht eines Jemand hervorgebracht sein, der auf die Realität, auf die grobe Natur hinweisen will; es kann auch Stoß des Zufalls sein, der die entlegenen Pole in plötzlichem Ruck gegeneinander schnellt und nur bemerkt zu werden braucht.

Zunächst nun ist der Mensch, die Gesellschaft ernstlich darauf bedacht, solche Schüttlung, Rüttlung, das Aufblitzen solchen Scheines fernzuhalten; die Dinge sollen eben und glatt ablaufen. Den Vorder= grund des Lebens bildet, nachdem die Menschheit sich aus dem Wild= stande der Natur herausgearbeitet hat, das Umtreiben unserer geistigen Schätze: denkendes Thun der verschiedensten Art — denkend auch dann, wenn es auf die bescheidensten Ziele gerichtet ist, — Rede, die inneres Leben, Gemüth, Zweck, Geist ausspricht, füllt unsern Tag aus, ver= einigt, durchzieht unsere Gesellschaft, und wenn wir auch nur essen

und trinken, so wird der Genuß mit Gespräch, Witz, vertraulichem
oder ernst gehobenem Worte so gewürzt, daß wir vergessen, wie stark
der Zoll ist, den wir kauend und schluckend der Natur hiemit zahlen;
wir wissen ganz gut, daß das Gegessene auch verdaut sein will und
— was auf die Verdauung folgt, aber wir wollen nichts davon wissen;
wir würden fürchten, hinaus zur todten Materie und hinab unter
unsern Menschenwerth gestoßen zu werden, wenn wir jetzt (dieses unbestimmte „jetzt“ schließt alle weiteren schweren Fragen unserer Erörterung in sich) — jetzt daran erinnert würden.

Wir verhüllen also, bedecken diese Dinge mit Schweigen, Kleidern,
spanischen Wänden, Mauern, geschlossenen Thüren. Sobald der Mensch
Mensch wurde, fieng er auch an, sich seines Naturgrundes zu schämen,
und ein System von Mitteln anzubieten, um die Erinnerung daran
sich und Andern hinwegzuschieben. Dadurch hat sich denn heraus-
gebildet, was wir Anstand nennen: eine stillschweigende, als selbst-
verständlich feststehende Uebereinkunft, daß all das, woran sich der Eindruck knüpft, als würden wir, wenn es offen gelegt wird, unter unsere
Menschenbildung hinabgedrückt, Ein für allemal zugedeckt bleibe, nicht
genannt, nicht gezeigt werde. Der Anstand ist Nothwendigkeit, die
Menschenwürde verlangt ihn. Sein Gesetz ist heilig. Vor wem wir
nicht sicher sind, daß er es achte, mit dem können wir nicht umgehen,
müssen ihn aus unseren Gesellschaften ausstoßen, verbannen. Es kann
darüber nicht disputirt werden, wer es in Frage stellt, der hat sich
schon geächtet.

So sieht es aus, so scheint es. Anders, wenn man genauer hin-
sieht. Ganze Nester von Fragen, von Zweifeln steigen auf. Zunächst
über das Wo? „Gesellschaften“ habe ich gesetzt; warum nicht: Gesellschaft? Weil der Pluralis hier speziellere Bedeutung hat, weil er
an Zirkel von ausgewählter formeller Observanz zu denken Anlaß
gibt, während der Singular den Allgemeinbegriff ausspricht, der gar
verschiedene Arten in sich schließt. Da ist vor Allem der große Unterschied zwischen bunten Kreisen und solchen, worin nur Ein Geschlecht
vertreten ist. Wie anders Herrn sprechen, wenn sie unter sich, als
wenn sie mit Damen sind, in welchen gröblichen Dingen und Worten
auch vornehme Tafelrunden sich gerne ergehen, wenn jene den Tisch
verlassen haben, das brauche ich keinem Leser zu sagen. Aber auch
keiner Leserin brauche ich in Erinnerung zu bringen, daß Frauen, wenn
sie unter sich sind, das Blatt nicht vor den Mund nehmen, daß die
schönen Lippen schließt, wenn Männer da sind, obwohl gewiß, was
dann sich hervorwagt, immer noch leichter Lufthauch ist verglichen
mit dem Feldgeschütz der Männerspäße. —

Ganz anders, wo die Geschlechter vereinigt sind, — wollte ich
eben fortfahren; aber nein, auch da nicht immer, nicht unbedingt waltet
das Verschweigungsgesetz in seiner Strenge. Gewiß nicht im kleineren
Zirkel, wo man einander kennt, wo Leute beisammen sitzen, die granum
salis haben. Eine Frau von Geist wird nicht meinen, der Himmel
falle ein, wenn einmal einem lebendigen Manne im sprudelnden Halb-
ärger das Wort Dreck oder Luder herausrumpelt; das Uebrige seiner
Rede wird dafür sorgen, daß nicht befürchtet werden kann, es sei Zaum
und Zügel der guten Sitte nun zerrissen und die Rohheit renne wie
ein lediges Roß durch die Straßen. In wirklich guter Gesellschaft
achtet man den Anstand nicht für Raub: man hütet ihn nicht ängstlich, als wäre er gestohlen Gut, man läßt ab und zu etwas Luft ohne
Sorge, er möchte entwischen wie ein Eigenthum, das einem gefangenen
Vogel gleicht, man fühlt sich frei, weil man sich bewußt ist, ihn wirklich zu haben, zu besitzen. Kann sein, daß man hierin im Süden
Deutschlands liberaler ist, als im Norden; es hängt auch mit
dem Gelten des Dialekts zusammen. Der Norddeutsche mußte einst
den seinigen opfern, um das Neuhochdeutsche zu lernen: wir, im Bewußtsein, daß unser hoch-, d. h. oberdeutscher Dialekt den weitaus
größeren Beitrag zur Ausbildung dieser Sprachnorm gegeben hat, sind
zu bequem, die kleinere Mühe des kürzeren Schritts von jenem zu
dieser uns aufzulegen, bleiben daher halb im Dialekte stecken, gebrauchen ihn überall, wo es nicht öffentliche Rede gilt, und trüben
diese mit unberechtigten Provinzial-Lauten. Dies Verhalten ist zu
tadeln, hat aber doch auch seine gute Seite. Wir halten uns das
Naturgefühl der Sprache wärmer, bleiben dem Sprachquell näher und
im Besitz eines Reichthums von Wurzeln, Wortbildungen, Redens-
arten, Schätzen verschiedener Art, die das Schriftdeutsche versäumt hat
zu heben, sich anzueignen. Eine gewisse Naturlosigkeit fühlt man immer
der Sprache jener Stämme an, die das Hochdeutsche einst mit ganzem
Opfer ihres Dialektes lernen mußten, wie auch ihrer Aussprache, die
zwar nicht an so vielen Nachläßigkeiten wie die unsrige, aber an gewissen Fehlern leidet, die uns immer wie naturfremde Kostbarkeit,
überflüssige Bewußtheit gemahnen. Auch sie zeigen mehr Fülle, Kraft,
gute Naivetät und Humor, wenn sie zu ihrem alten Dialekte zurück-
greifen. Sind wir nun dem Naturquell der Sprache näher geblieben,
so hängt uns auch mehr Neigung an, Derbheiten der Volkssprache in
den Verkehr der Gesellschaft Eingang zu gestatten. Die Erziehung
verbietet weniger streng den Gebrauch eines saftigen Wortes, es dauert
uns das Salz der Rede und des Gedankens, das verloren geht, wenn
zahme Schicklichkeit absolutes Gesetz ist; wir erschrecken nicht, wenn

einmal ein Schuß fällt. Dabei meint dann der auswärtige Deutsche, wir gönnen uns dergleichen oder lassen es zu, weil wir unfrei in Cynismus versenkt seien. Sehr unrichtig, ja selbst unfrei! Wir schweben darüber, indem wir hineintreten. Ich führe ein Beispiel an. In Schwaben herrscht eine Neigung, den Superlativ so stark als möglich auszudrücken; so ist für das farblose Sehr oder Außerordentlich das Wort: saumäßig aufgekommen, und da die Bedeutung sich verwischt hat, so geräth nun der starke Ausdruck leicht in Widerspruch mit dem Prädikate, das er zu steigern bestimmt ist. Ja man kann hören: des ischt e saumäßig netts Mädle. Die Gebildeten wissen nun natürlich sehr wohl, daß das ein Widerspruch und unschicklich ist, aber der Widerspruch macht ihnen mehr Spaß, als die Unschicklichkeit Verdruß, und in einer nur etwas zusammengewöhnten Gesellschaft, wo man sich versteht, werden die Damen nicht von den Stühlen fallen, wenn einmal ein Mann in freiem, bewußtem Spiele mit den Dialekts-Eigenheiten den naivgroben Superlativ anzuführen wagt.

Es ist wirklich nur der Salon (ich nehme das Wort im Sinne des deutschen Sprachgebrauchs: der festive Gesellschaftssaal), wo jener Zaun oder Zaum der Sitte, den wir Anstand nennen, in unbedingter Geltung festseht oder regiert, denn da sind Leute beiderlei Geschlechts beisammen, die einander in Mehrzahl so genau nicht kennen, daß sie einander gestatten dürften, sich Freiheiten zu erlauben, wie sie im bürgenden Zusammenhang der gegenseitigen Vertrautheit mit den Charakteren als momentanes Wagniß (nicht als stehender Ton) ohne Gefahr eingeräumt werden können. Schlimm genug freilich, daß in so feinem Zirkel dagegen Entblößungen erlaubt sind, vielmehr als fein fashionabel gelten, welche die Scham — und zwar jene zartere, die sich auf das Geschlechtliche bezieht — roher verletzen, als das roheste Wort den Sinn der Scheu vor dem Schmutzigen und Wilden. Doch dieser letztere Punkt liegt uns hier außer dem Wege; wir werden auf anderem bald genug zu ihm gelangen, der jetzige führt noch zu der Betrachtung, daß alle zu ängstliche Sorge für den Anstand von der Vorstellung des Salon ausgeht. Sagt oder schreibt Einer etwas Derbes, so fürchtet die Welt, er möchte in die Säle der guten Gesellschaft einbrechen und da die Zunge herausstrecken oder — weiß der Himmel was sonst noch Entsetzliches verüben. Dies lenkt auf die Bemerkungen am Anfang gegenwärtiger Erörterung zurück: bei einer Zeitschrift, die viel in Familien der höheren Stände gelesen wird, schwebt den Leuten etwas wie ein Salon vor, daher erscheint hier ein Artikel, der über die Schnur der Anstandsbegriffe haut, wie ein cynischer Missethäter in glänzenden Räumen, wo geputzte Gesellschaft herumsißt. Allein Schrift ist Schrift und hat die Freiheit anzusprechen, in der weiten Welt, an die sie sich wendet, Leser zu finden, die einen Spaß und — einen Ernst verstehen.

Wir haben ein Wo? aufgeworfen, da uns Zweifel aufstiegen, ob der Anstand unbedingtes Gesetz sei. Folgerichtig entsteht auch ein Wann? Doch darf die Antwort hierauf kurz abgemacht werden, denn es begreift sich leicht von selbst, daß es, angenommen einen Zirkel, dem es nicht an Freiheit des Geistes gebricht, um ein starkes Wort zurechtzulegen, doch auch hier ganz auf die Stimmung des Augenblicks ankommt. Sie muß belebt, die Phantasie muß erregt, der Humor muß im Schweben begriffen sein, um einem vorbrechenden Wagniß der Rede das Bleigewicht des prosaischen Ernstes zu nehmen, oder der sittliche Unwille muß geweckt sein, um zu fühlen, daß jetzt ein ernstes Ekelwort gefordert sei, um es zu wollen, zu begreifen.

Nun aber muß ein: Wie? folgen. Wir sind bereits verfahren, als hätten wir schon ausgemacht, daß bei „Aufdecken" einfach an die Form der Rede zu denken sei. Wir durften dies, weil natürlich sie es ist, deren Freiheitsgrenzen hier vor Allem in Frage kommen; doch eben hierin ist nun eine Unterscheidung einzuführen, die recht geeignet ist, zu zeigen, wie dialektisch das Thema sich verwickelt. Was ist heikler, gesprochenes oder geschriebenes, gedrucktes Wort? Es scheint: das erstere, denn der wirklich gehörte Laut übt einen stärkeren Stoß aus, als der (im Lesen) nur innerlich gehörte; alles Unmittelbare trifft ja stärker, als was sich durch Zeichen vermittelt: man erschrickt, und insbesondere dann, wenn man mit Mehreren gleichzeitig hört, unter welchen zarte Constitutionen sein mögen, in deren Seele man erschrickt. Dagegen kommt aber in Rechnung, daß das geschriebene Wort eine im Raum fixirte Existenz behauptet und sich mit einem gewissen Anreiz hinstellt, es wiederholt zu lesen, verweilend zu bedenken, was es besagt und enthält. Es mag für einen Vertrauten bestimmt sein, in einem Brief stehen, aber wer weiß, in welche Hände er noch gelangt und ob er nicht einmal gedruckt wird? Allerdings ist jedoch zu sagen, daß dem vertraut Schreibenden nicht zugemuthet werden kann, auf dies Bedenken sich einzulassen, denn was würde aus allem intimen Briefwechsel, wenn ihm der Radschuh solcher Rücksicht eingelegt würde? — Anders nun das mit der Bestimmung zum Druck geschriebene Wort. Es geht voraussetzlich an sehr Viele, unter denen doch weit mehr Empfindliche, wohl auch wirklich in ihrem Gefühle zu Schonende sich befinden, als je in einem Zirkel gegenwärtiger Personen. Wiederum aber liegt die Sache anders, wenn man bedenkt, daß das Gedruckte in irgend einem Grade doch immer etwas von dem

Recht ansprechen darf, das vermöge ihrer oben geltend gemachten reinen Natur die Wissenschaft behauptet und besitzt. „Da kommt es doch sehr auf den Ton an," wird man sagen; „gedruckte Plauderei, Dichtung und Mitteldinge zwischen Dichtung und Prosa sind keine Wissenschaft." Wohl, aber darin nähert sich ihr doch alles Gedruckte, daß es sich in bestimmtem Sinn auf den Stempel der Allgemeinheit berufen kann, den die Presse dem Wort aufdrückt. Ist, was der Autor bringt, nur nicht unzweifelhaft frech, gemein, frivol, so werden wir ihm nicht bestreiten, wenn er dem Vorwurf gegen einzelne Wagnisse mit der Antwort entgegnet, wer seine Blätter nicht lesen wolle, könne sie ja weglegen, er befinde sich jetzt nicht in einer übersichtlichen Gesellschaft, worin die Gegenwart von Fräulein Y. und Backfisch Z. ihm Rücksicht auferlege; er schreibe mehr für Männer, als für Damen, und übrigens können ja Papa oder Mama oder Tante auswählen, was Tochter Ida lesen dürfe.

So in Für und Gegen verknäuelt sich unser Gewebe. — Außerdem kommt aber ein nicht minder schwieriger Punkt, das Maß, in Frage. Da zeigt sich alsbald, daß wir ganz in's Relative gerathen und in abstracto gar nichts bestimmt werden kann. Ein Wort mag als das denkbar stärkste erscheinen, sieht man näher hin, so verhält es sich anders: der Schreibende oder Sprechende hat sich noch gemäßigt. Ein Wort, ein Satz kann als entfernte Andeutung dem Herrn von X. hübsch sein vorkommen, während Herr W. dabei in einen Abgrund von Frivolität sieht. Ein Versuch casualistischer Aufführung und Unterscheidung von Fällen, Beispielen würde in's Unendliche führen. Es bleibt nichts, als daß ich mir vorbehalte, an einzelnen starken Ausdrücken des Artikels, dem unsere Erörterung zum Geleite dient, zu zeigen, daß sie noch lange nicht die stärksten, daß sie im Gegentheil noch gemäßigt sind.

Ganz dürfen wir nun doch auch die Frage nicht umgehen: was ist heißer, Wort oder Bild? Hat man dabei das gesprochene Wort im Auge, so stellt sich die Sache anders, als wenn an das geschriebene oder gedruckte gedacht wird, aber sie liegt eben gar nicht einfach. Das Bild des Zeichners oder Malers drängt sich dem äußeren Auge auf und verweilt; das gesprochene Wort drängt sich dem Ohr auf und gibt so außer und neben seinem Inhalt einen gewissen Treff und Stoß, dagegen verweilt es nicht und mag daher als weniger stark erscheinen. Allein es ist etwas Eigenes um das Wort, auch abgesehen von dem Schlage, den es, gesprochen, dem Gehöre gibt, und dies Etwas gilt ganz auch vom nur geschriebenen und gedruckten. Das Nennen ist ein Fassen des Gegenstandes, ein Packen und Herausstellen, ein Concentriren, ein Comprimiren und ein Zuspitzen, das doch den Gegenstand noch weit mehr bloslegt, als die Darstellung für's Auge, es ist ein Verrathen, ein Verlautenlassen auch ohne den Laut der Rede, das fast noch stärker afficirend wirkt, als die Vorlage für den wirklichen äußern Sinn, die das Bild bringt. Die gewissen Unanständigkeiten auf Gemälden der Teniers, Ostade, Brouwer darf eine Dame am Arm eines Mannes, der sie in eine Galerie geführt, immerhin ansehen, während sie ihm ihren Arm alsbald entziehen müßte, wenn er mit dem Wort bezeichnen würde, was dort in der Ecke geschieht, oder — (um nicht zu vergessen, daß wir jetzt das gedruckte Wort im Auge haben) — während sie das Buch erröthend zuschlagen würde, wo das genannt ist. Dennoch erheben sich Zweifel auch gegen diese Abwägung. Die wirklichen Sinne sind und bleiben apprehensiver als die Sinne, wie sie in der Einbildungskraft innerlich noch einmal auftreten. Es ist der Ekel, der sich ungleich schneller und leichter an die Wahrnehmung knüpft, als an die Vorstellung, wie das Wort sie hervorruft. Es gibt Bilder, die man stinken sieht. Ein solches — dazu noch ein Hohn auf das nur mitleidwerthe Griechenland — kam in derselben Nummer eines Caricaturblattes, das dem Artikel über die Mode die Ehre erwies, ihm sehr achselzuckend Recht zu geben.

Und noch eine weitere Frage! Wort und Bild zu unterscheiden, reicht auch noch lange nicht hin. Wir haben bis jetzt einen Hauptpunkt übergangen: von Wort und Bild ist ja nun erst noch das einfache Thun zu unterscheiden! Was ist schlimmer, in einem Wohnraum, ja Salon auf den Boden spucken oder das Wort Spucken vorbringen? Was ist schlimmer, ebenda ein Aufstoßen nicht unterdrücken oder einen Auftritt erwähnen, wo in komischer Weise solcher Naturzufall vorkam? Was ist schlimmer, an den Hosen nesteln, durch Zupfen an den Hosenträgern Angst erregen, das Kleidungsstück möchte herunterfallen, oder die Hosen mit diesem ihrem Namen nennen? Nun, doch gewiß allemal das Erstere; es steht doch außer Zweifel, daß die Realplastik des Thuns ungleich sträflicher ist, als die Zeichnung in die Luft, die das Wort vollzieht. Was aber folgt nun? Der Anstand, beruhend auf der Scham, gebietet dem Weibe, zu verhüllen, was direct auf die Geschlechtsbestimmung hinweist: den Busen, die Formen unter dem Gürtel, die Linie der Beine; nicht absolut, versteht sich, man darf die Formen ja wohl unter dem Kleid errathen, aber es soll bei einem bloßen Errathen sein Bewenden haben, faltig umspielender Kleidstoff soll über die pure Naturwahrheit den Schleier eines spielenden Helldunkels ziehen; — eine Einschränkung, die doch dem Satze nichts von seiner Geltung, von seinem Ernste nimmt. Wenn nun also zugegeben ist, daß Thun schlimmer ist, als Nennen, so ist eine Entblößung dieser

Theile oder eine Behandlung des Kleids, wodurch sie in der Verhüllung so gut wie unverhüllt sich ausprägen, doch wohl unanstän-
diger, als das Benennen dieses Thuns mit den Worten, die es bezeichnen! Zumal wenn letzteres nicht auf dem Parketboden geschieht,
sondern nur auf dem Papier! — Ich weiß, daß man scharf einwenden
wird, ich vermenge da zwei sehr entgegengesetzte Dinge; es handle sich
doch von Cynischem, Schmutzigem, also Häßlichem, hier springe ich zu
Dingen über, welche ja vielmehr schön seien, darum sie jedwed Männ-
lein gern sehe und lustig danach schiele. Ich will dagegen nicht einmal geltend machen, daß, wo der Brauch, die Mode ein solches Auf-
zeigen eingeführt, auch verblühte Weiber dem Zuge folgen und Formen
aufdecken, die eben nicht ästhetisch sind, sondern recht eigentlich in die
Welt des Häßlichen gehören; nein! die Sache verhält sich so: gewöhnlich denkt man bei: cynisch allerdings an das Aufdecken eines Solchen,
was nach unserem zur zweiten Natur gewordenen Verhalten zur Sache
als an sich häßlich abstößt und anwidert, hier dagegen ist der Gegenstand reizend, aber die Handlung des Vorzeigens häßlich, zunächst
sittlich häßlich, aber dies so sehr, daß bei richtigem Gefühle der sittliche Ekel zum physischen und das an sich Reizende so zum Wider-
lichen wird. Dies ist im vorstehenden Artikel so eingehend behandelt,
daß Erläuterung nur Wiederholung wäre. Hinzugesetzt mag werden:
wir sind doch keine antiken Völker mehr, die Grundform unseres Bewußtseins trägt einmal eine Entgegenstellung von Natur und Geist in
ihrem Schooß, die zwar auf die Idee einer Versöhnung dieser Gegen-
sätze hinführen soll, die aber darum nicht ungültig ist und mit gutem
Rechte das ganze System unserer Decenz-Gewohnheiten beherrscht. Die
bestehende Sitte gebeut Verhüllung; wir wachsen auf in dieser Maxime.
Wird nun im Widerspruch mit diesem Bestehenden, als gültig allgemein
Anerkannten da und dort gelüftet, bloßgelegt, so entsteht, was bei Natur-
völkern, was bei Völkern von naturvoller Cultur, weil Solches überhaupt nicht ängstlich verhüllt wurde, nicht entstand: es entsteht Reiz,
Geschlechtsreiz. Reste des naiven Verhaltens finden sich noch bei süd-
lichen, auch bei nördlicheren, aber romanischen Völkern; die junge
Mutter in Italien und Frankreich stillt unbefangen ihr Kind vor
Familienfreunden; das ist, als Sitte, ein ganz schönes Ueberbleibsel
unschuldiger Zeiten, steht aber als eine Besonderheit außerhalb
des Kreises der allgemeinen modernen Bildungsform, welche sich
ein für allemal bewußt ist, daß ausnahmsweise Entblößungen Reiz
ausüben; das Weib, das in dieser Culturwelt lebt, aber trotzdem bloßlegt, kann wissen, weiß, daß auf die Verhüllunggewöhnte männliche
Jugend dies Bloßstellen so und nicht anders wirkt; sie ist ja keine

Statue; Marmor und Erz sind kalt und besagen in ihrer gesunden
Kälte: du sollst objectiv, künstlerisch nur auf die Form sehen; aber
dieser weit entblößte Busen pulsirt und scheint dem verlangenden Nerv
entgegenzuwallen. Die Entblößung pflegt den Gelegenheiten vorbe=
halten zu sein, wo Viele sind, die sich daran weiden. Nun und da
behaupte ich: ein Weib handelt schamlos, das im Bewußtsein schwim=
mend umgeht: jetzt sind die Augen Vieler gleichzeitig mit der Stimmung
der Begierde auf mich gespannt. Freilich nur Vieler; die Jungen
sitzen auf der Leimruthe auf; Männer sind nicht geblendet, in ihnen
schlägt der Reiz in Ekel um, weil ihr Urtheil die Reife hat, zu wissen,
was vom öffentlichen Wecken der Begierde zu halten ist. Es wäre
eine schlechte Moral, welche die Begierde verdammte, ohne die doch
nie ein Kind gezeugt würde; die Natur ist ja an sich unschuldig, nur
ringsum nothwendig eingegrenzt durch ein System von Bedingungen,
die der Aufbau des sittlichen Lebens feststellen mußte, aber aus dieser
Bedingtheit folgt schlechtweg, daß die Begierde abscheulich ist, wenn
ihr Erwecken und Erwachen wie ihre Befriedigung anders als in ver=
schämter Verborgenheit geschieht. Nur Uebelwollen kann diesen Satz
mißdeuten. Heimlichkeit ist nicht Heuchelei; es ist nicht Heuchelei,
wenn die Brautnacht nicht bei Tag auf der Straße gefeiert wird.
Eine Nation verkommt, wenn die Scham ausstirbt. Die Griechen
sind an Manchem, aber auch daran zu Grund gegangen. — Diese
Bemerkungen führen allerdings unter Anderem geradewegs auch auf
Verwerfung des Ballets. Ich nehme es auf mich, unter die Pie=
tisten eingetheilt zu werden, indem ich dies ausspreche, und ich ver=
zichte darauf, zu meiner Rechtfertigung mehr vorzubringen, als die
Eine Erwähnung, daß, als ich in Jünglingsjahren das erste Ballet
sah, in der gründlich unverdorbenen Phantasie ein Sturm wilder
Wünsche emporfuhr wie entzündetes Pulver und daß nur die festen
Grundlagen der Erziehung vor Consequenzen bewahrten, die mindestens
zu der frühen Blasirtheit geführt hätten, in der jetzt ein so großer
Theil unserer Jugend umherlungert. In einem Theater sitzen ja nie=
mals nur Männer und Frauen, deren Nerv und Phantasie durch die
Befriedigung der erste scharfe Stachel gestumpft ist; da sind nach dem
üppigen Bilde immer auch die Augen erfahrungsloser Jugend mit
lechzender Brunst gerichtet und dieser Thatsache gegenüber hat in der
Frage über das Geziemende nicht die Aesthetik für sich abzusprechen,
sondern ist wesentlich die Pädagogik und die Sittenpolizei berufen, ein
Wort dareinzureden. — Diese Bemerkungen gelten natürlich dem
Ballet, wie es ist, nicht wie es sein könnte. Wer wäre so abgeschmackt,
rhythmische Massenbewegungen, auch anmuthigen Solo=Tanz nicht gern

zu sehen! Aber etwas Anderes sind Kunststücke, die nicht einmal schön heißen können, nur den Nerv reizen, nicht den Formsinn beglücken.

Kein kleiner Theil des verpönten Artikels hat sich mit diesem Thema der Schamlosigkeit der jetzigen weiblichen Mode überhaupt, ein kleinerer Abschnitt speziell mit den besonders frechen Entblößungen auf Bällen, Fest-Soiréen und dergleichen beschäftigt. Ich sehe darin ein anstandwidriges Handeln und habe diesem Handeln die Namen gegeben, die ihm gebühren. Nun bemerke man die merkwürdige Verschiebung des Begriffs, die in den Köpfen vor sich gieng und den verworrenen Lärm hervorrief. Man geht von dem Satze aus: gewisse Dinge sollen nicht genannt werden. Nun geschieht Anstandswidriges, tritt faktisch auf in der Form des Thuns; es kommt Einer und nennt dies faktisch Anstandswidrige anstandswidrig, und die Folgerung ist: du hast den Anstand verletzt! Also ergäbe sich: das Unanständige besteht darin, daß man das Unanständige unanständig nennt. Eine schöne Logik das! Weil es für das Unanständige keinen anständigen Namen gibt, soll die Schuld auf den Namengeber fallen. So wird der Anstand zum Freibrief für den Unanstand. „Wir dürfen's treiben, wie wir wollen, Niemand darf es nennen, also lustig drauf losgehaust!" — Nein! nein! auf den Handel kann sich ein Mann nicht einlassen, er ist zu krumm, ist zu ungleich. Ihr, verehrte Mitglieder des schönen Geschlechts, schießt uns die Spitzkugel des Unanstands in die Augen und wir sollen nur blind laden! Ja freilich, man hört oft genug sagen, auch von den Frauen selbst: es wird zu arg mit der Mode, es ist Zeit, drauf zu schlagen! Schlägt aber Einer zu, so heißt er ein Flegel. Auf das muffige Fleisch gehört Pfeffer, man gibt es zu, aber er soll nicht brennen, — auf die gichtische Stelle Kantharidensalbe, aber sie darf nicht ziehen, — auf den Karbunkel Höllenstein, aber er darf nicht fressen. Dagegen meinen wir einfach: wenn es dahin gekommen mit dem Anstand, daß er ein Schild, ein Lügendeckel und ein Sporn wird für den Unanstand, so ist es Zeit, den Anstand zu bekriegen, im Krieg aber — „schießt man mit Fleiß auf die Leute"; unser Pfeffer soll brennen, unsere Käfersalbe ziehen, unser Höllenstein beißen.

Hiemit erst sind wir nun zum Mittelpunkt unserer Kau-Beschäftigung mit schwierigen Begriffen gelangt. Alles Bisherige hieß nur: den Senf, den wir schwachen Mägen zu besserer Verarbeitung des harten Bissens bereiten wollten, vorerst anmachen. Jetzt erst soll er, kann er genossen werden.

Vor Allem sind wir nun in der Lage, den Begriff des Anstands genauer als bisher zu fassen.

Der Anstand ruht, wie wir gesehen, auf der Scham, der Scheue des Menschen, sich in die bloße Natur, aus welcher er durch seine Menschenbildung sich herausgearbeitet, wieder hinabgestoßen zu sehen. „Bloße Natur": dies durften wir gleichmäßig auf Dinge beziehen, die nicht dem geschlechtlichen Gebiet, wie auf solche, die ihm angehören; Scham bedeutete uns sowohl Scheue vor Aufdeckung solchen Stoffes, der dem Gefühle das widerliche Bild der Auflösung des Organischen aufdrängt, wie vor Enthüllung dessen, was an den Geschlechtsprozeß so erinnert, daß der Mensch sich mit dem Thiere zusammengestellt fühlt. Allein Anstand ist nicht gleich Scham; das Gefühl des Schicklichen und das Gefühl einer reinen Seele, die bei gewissen Dingen und Worten erröthet, beide decken sich so wenig, als die Begriffe Sitte und Sittlichkeit sich decken. Man kann anständig und doch eine Dreckseele sein. Der Anstand ist aus der Scham entsprungen, aber das Wasser der Quelle hat sich verändert, bis es zu dem See wurde, den wir Anstand nennen; es hat eine Menge Bestandtheile vom Grund und Boden historischer geselliger Zustände aufgenommen, die Bedingung, ein Element für die Vielen zu werden, hat ihm entmischende Stoffe zugeführt. Anstand ist zum Gesetze der Gesellschaft gewordene und dadurch verflachte, formell gewordene Scham. Das Band, das ihn an diesen seinen Ursprung knüpft, ist dünn geworden, es kann reißen, oder genauer: einige, viele seiner Fäden können reißen, während die übrigen noch halten. Aus Furcht vor diesem Riße kann aber das Band auch zu straff angezogen, zu dick geflochten werden; ein Beweis, daß Scham und Anstand nicht Eines sind, ist aber auch dies Verfahren, dies strengere Anschnüren, denn man würde nicht so leicht in Angst gerathen, das Band möchte reißen, wenn man den Anstand an seinem Haltpunkt, seinem Anker, der Scham, sicher befestigt, oder wenn man den Ankergrund in der Seele gut und haltbar wüßte. Allzu ängstlich — das haben wir bereits gelegentlich uns gesagt — beweist Mangel an Sicherheitsgefühl; wahre Reinheit achtet sich nicht für Raub und fürchtet daher nicht, sie gehe sich verloren, wenn einmal ein keckes Wort fällt. Der Anstand ist ein Etwas, das auch sittlich sein kann, nichts weiter. Er ist Scham ins Soziale, Repräsentative übersetzt und dadurch nur so so rein erhalten oder auch gefälscht, — je nachdem. Anstand ist ein Glanzhandschuh, in welchem eine edle, aber auch eine gemeine Hand stecken kann; Anstand ist eine Nagelbürste, deren Gebrauch nicht beweist, daß die Nägel nicht Thierklauen sind; Anstand ist Manschette, ein reines oder ein schmutziges Blut kann in der Ader des von ihr bedeckten Handgelenks schlagen; Anstand ist eine Chemisette, dahinter kann ein zartes Herz klopfen und ebensowohl ein rohes, Anstand ist ein Hemdkragen an wolfähnlichem oder menschlich wohlgebildetem Unterkiefer; Anstand ist eine Seife, mit der ein freches Gesicht wie ein Seele=verkündendes gleich sauber gewaschen wird.

Anstand muß sein, das versteht sich und das haben wir zum Ueberfluß längst uns gesagt. Aber so stark die Burg scheint, wahren Schutz ächt sittlichen Gefühls wird kein Denkender von ihr erwarten. Diese Burg bürgt, wie wir nun gesehen, nicht dafür, daß nicht der Boden selbst, auf dem sie steht, schwanke und einbreche, da mitten in der Welt des als gültig behaupteten Anstands die Frechheit empor=springen und seine Bastionen sprengen kann, während sie gleichzeitig lügt, sie seien gerettet, gesichert; hiefür haben wir das schlagende Bei=spiel vor Augen in der Verschiebung der Begriffe, die vorhin aufgezeigt ist: Widerspruch zwischen Thundürfen und Nichtnennendürfen, freche Kleidertracht und Frecherklärung desjenigen, der sie frech nennt. Diese Burg wird, haben wir ebenfalls gesehen, zeitweise mit so dicken Mauern versehen, daß die Menschen in ihr sich nicht regen können; wir nannten es ein zu starkes Anziehen des Bandes, der Bildertausch wird erlaubt sein. Dies Uebertreiben beweist nur Mangel an Sicherheitsgefühl, diese Aengstlichkeit heißt Prüderie.

Wir bedürfen nur noch einer kurzen klärenden Betrachtung, um ganz heraus in's Licht zu kommen. Sie ist nöthig, um uns nicht logisch zu verwirren. Wo wir hinauswollen, erkennt sich bereits von selbst. Gesagt ist, daß Frechheit im Thun, geschützt vom Anstands=begriffe, nothwendig herausfordert, diesen vor den Kopf zu stoßen. Diese Ausfälle werden den Charakter des Ernstes tragen. Ebenso wird nun aber die Prüderie eine Ausforderung enthalten, sie zu er=schrecken; die Ausfälle gegen diese steife Person werden, dies bedarf keiner Begründung, vom Humor diktirt sein. Jetzt wird man sich erinnern, wie ich schon zum Anfang unserer Untersuchung zwei Töne unterschied: derb im komischen Sinn und derb im Sinne des Aus=bruchs ernster Empörung, wie uns dann Schillers Aufsatz: „Gedanken über den Gebrauch des Gemeinen" u. s. w. auf die These Lessings geführt hat: das Häßliche kann verwendet werden als Hebel des Lächerlichen oder des Furchtbaren, — wobei nicht zu vergessen, was über Modifikation des letzteren Begriffes und über Mischungen der beiden früher bemerkt ist. Es erhellt also: wir werden ein Recht des Cynismus in Anspruch nehmen, wo komische oder wo ernste Wir=kung ihn nicht entrathen kann. Die logische Klärung ist aber, ehe wir näher eintreten, darum nöthig, weil soeben von Prüderie die Rede war und weil es nun scheinen könnte, wir steuern darauf los, vor Allem ein Recht der Derbheit im Kampfe gegen diese zu befürworten, während doch der in Frage stehende Artikel durchaus nicht direkt gegen Prüderie gerichtet war. Unsere Zeit ist nicht prüde; wo eine Damen-Mode herrscht, wie die jetzige, kann von aus nehmender Aengstlich-keit im Hüten des Anstands nicht die Rede sein. Sind also jene Auslassungen über die Grenzen des Anstands theilweise in der Rich-tung des Komischen hinweggesprungen, so konnte die Prüderie nicht ihr Object sein. Das Object der humoristischen Püffe war vielmehr die Unform, die Geschmacklosigkeit, die querköpfige Phantasie in einem Theil unserer Mode. Nun aber hat der Erfolg gezeigt, daß unsere Zeit, obwohl gewiß nicht prüde, dennoch Ausfälle von einem gewissen Grade der Derbheit so wenig vertragen kann, wenn sie humoristisch gegen das Geschmackwidrige, als wenn sie in ernstem Abscheu gegen das Freche sich wenden. Also nichts weniger als prüde, und doch prüde? Roh ausschweifend im Formgefühl, frech in der Praxis und doch verkehrt schamhaft gegen einen gesund cynischen Angriff auf Un-form und Frechheit! Es folgt, daß, wer Krieg führt gegen das Erste, immer auch Krieg führt gegen das Zweite. Das nächste Object ist häßliche und freche Form, dahinter steht als vermeintlich berechtigter Hüter ein falsch gesteigerter Anstandsbegriff; ich treffe ihn also mit, wenn ich auf die von ihm gehütete Mißform schlage. Ja es geht von diesem Hintergrunde, dem indirekten Gegner, nothwendig ein Reiz aus, der die Gewalt des Ausfalls steigern muß; es ist die falsche Empfind-lichkeit, die stillschweigend herausfordert, in einem Kampfe, der direkt gegen einen andern Feind, nemlich eben den Ungeschmack (und die Schamlosigkeit), geführt wird, recht tüchtig loszuschlagen, eben um sie recht zu ärgern. Unsere Zeit spricht: ich will in Kleidformen abge-schmackt, verrückt umgehen und du sollst es mit den Namen, die es verdient, nicht sagen dürfen; ich will frech umgehen und du sollst auch dies Kind nicht bei seinem Namen nennen dürfen. Die Antwort auf ein solches Verbot, worin anders kann sie bestehen, als daß dort wie hier so stark als möglich gesalzen wird? So ergibt sich denn, daß wir im Folgenden nicht zu unterscheiden brauchen, ob stark gesalzener Humor direkt gegen Prüderie geht oder direkt gegen Ungeschmack und Mißform, aber indirekt gestachelt durch den dahinter aufgepflanzten Anstandsbegriff, der, wo er pedantisch oder heuchlerisch hüten will, immer auch Prüderie heißen kann. Benamsen wir in Kürze diesen Knäuel mit dem Wort: Unnatur!

Also: humoristisch derbe Aufdeckung der Natur mit der Absicht, die Unnatur komisch zu bestrafen, dieß ist das Erste, wovon wir reden und was wir unter Cynismus verstehen. Daß Cynismus nicht ein Schmutzigsein, nicht einfach ein Leben im Schmutze, sondern einen Act des Aufdeckens bedeutet, ist längst gesagt und bedarf kaum noch ein paar erläuternde Sätze. Wer seine Stube zu wenig säubert, seine Haare zu wenig kämmt, mit ungewaschenen Händen, mit ungereinigten Nägeln ausgeht, den nennen wir nicht Cyniker. Es ist auch nicht cynisch, wenn in Italien, in Spanien die Frau ihrem Kind oder sogar Mann unter der Hausthüre vor Aller Augen laust; es gehört eigentlich gar nicht hieher, denn es ist ja ein Reinigen; freilich aber wird dabei das Behaftetsein der theuren Häupter mit dem ekelhaften Insekt und das Berühren desselben öffentlich gezeigt; dennoch ist es nicht cynisch, denn es ist schlechthin kein accentuirendes Aufdecken, sondern eben ein Stück Sitte: ländlich, sittlich. Murillo hat es gemalt und nicht dieser allein. Unter Cynismus versteht alle Welt eine Art, mit dem Schmutzigen umzugehen, es mit Bewußtsein so zu tractiren, daß ein gewisser Accent darauf fällt. Hiebei ist allerdings nicht ausgeschlossen, daß man dieser Art, zu tractiren, eine Neigung, Hang, Liebe zum puren Stoff anspürt, ein Wühlen ansieht. Und in dieser nächstliegenden Art von Cynismus sind sogleich wieder verschiedene Formen auseinanderzuhalten: eine unschuldige und eine schuldige. Unschuldige Wühler im Schmutze sind die Kinder. Es scheint eine dunkle Rückneigung des Menschen zu seinem Ursprung aus dem Erdenkloß dahinter zu stecken; der Mensch stammt doch schließlich aus dem Unorganischen, aus dem Urstoff des Planeten, wie solcher nun als Residuum der organischen Bildungen, die aus ihm hervorgegangen sind, als Masse, als Koth, Schlamm uns gegenübersteht; es ist mystisch antediluvianischer Zug. Allerdings ein winzig kleiner Theil von etwas mehr, nemlich von Opposition steckt doch auch schon in der Liebe der Kinder, dieser fürchterlichen Naturalisten, zum Morraste, sonst könnte man sie ja nicht Cynismus nennen. Die Bemühungen der Erziehung, sie zur Reinlichkeit und Scham heranzubringen, geben ihnen zu fühlen, daß sie in ein längst ausgebildetes System künstlicher Mittel des Verhüllens hineingeboren sind, sie mögen entfernt ahnen, daß dieses System in seiner Steigerung zur Unnatur führen kann, und verspüren daher einen Reiz, dagegen zu revolutioniren. Daneben prickelt Neugierde. Das Kind merkt, daß man ihm viel verbirgt, verschweigt; es grübelt, es stört um und auf. Männer von strengem und zartem, aber auch freimüthigem Sinn läugnen nicht, daß sie in Knabenjahren sich beeilt haben, im ersten Lexikon, das sie zur Hand bekamen, unanständige Wörter, Bezeichnungen für turpia und pudenda nachzuschlagen. — Von dem minimum gewollter Opposition machen wir freilich einen Sprung, wenn wir zur nicht unschuldigen Form der Vorliebe zum Schmutz übergehen, wenn

wir neben die Kinder jene gemeinen Naturen in der Welt der Er=
wachsenen hinstellen, die handelnd oder redend mit voller Liebe im
Schmutz umzurühren gewohnt sind — recht aus Haß gegen die edlere
Menschenbildung, recht aus herzlicher Gemeinheit. Dieß sind die eigent=
lichen Cyniker, ihnen gebührt der Name in spezieller Geltung. Wir
wollen bei dieser übelriechenden Menschengattung weiter nicht verweilen,
als daß wir noch ein Wort von ihrer Hauptliebhaberei, der Zote,
sagen. Etwas näher muß die Sache besehen werden, als bei der
früheren Erwähnung, wo sie nur gelegentlich bei der Unterscheidung
zwischen Obscönismus und Cynismus zur Sprache kam.

Wir haben uns längst gesagt, daß an sich über die Untrennbar=
keit der idealen Stimmung der Liebe von ihrer sinnlichen Basis durch=
aus nichts zu lachen ist, daß aber durch Zufall oder Witz der Schein
aufspringen kann, als stünden beide Seiten im Widerspruch, woraus
die komische Ungereimtheit erwächst, daß Widersprechendes untrennbar
vereinigt erscheint. Zu diesem Umstand ist gelacht worden, so lange
es Menschen gibt: wirkliche Menschen, Wesen, die sich aus der Natur
herausgerungen haben und doch in der Natur wurzeln. Hiegegen
rigoros sein, bestreiten, daß das Geschlechtsleben dem Lachen unend=
lichen Stoff bietet, ist geistlos, ist absurd. Das reinste Weib wird sich
entsinnen, über besagten Naturtribut gar oft gelächelt, auch selber ge=
scherzt zu haben. Das Nibelungenlied wird Niemand für ein Werk
verdorbenen Sinnes halten; doch heißt es, wie Giselhers Verlobung
in Bechlarn gefeiert wird: „gämelicher" (— das Wort war noch nicht
so unedel wie jetzt —) „Sprüche, der wart da niht verdeit" (verschwiegen,
unterdrückt). Nun aber, wo fängt die Gemeinheit an? Es ist schwer,
fast unmöglich, die Grenze in bestimmten Begriff zu fassen; sooviel
etwa kann man im Allgemeinen bestimmen — es ist wenig, doch gibt
es einigen Anhalt: das Gemeine tritt ein, wo der Witz nicht den
Stoff verflüchtigt. Wer da meint, schon das sei witzig, irgend etwas
Gegebenes, eine Situation, einen Satz, ein Wort (z. B. durch Wort=
spiel) auf das Geschlechtliche zu beziehen, der ist gemeiner Zotenreißer.
Der Witz muß ein so starkes Plus aufweisen, daß dagegen der Stoff
als ein Etwas erscheint, womit frei gespielt wird, wogegen die gemeine
Zote eine Seele verräth, die sich mit Vorliebe in den Stoff, d. h. in
die Abhängigkeit des Menschen vom Naturtrieb versenkt. Man fühlt
dann durch, daß der platte Witzbold die wirklich vorhandene Komik
der Sache im Grunde gar nicht kennt, da er einfach darin den großen
Spaß findet, daß er im Menschen das Thier entdeckt zu haben glaubt
und es interessant findet, immer auf's Neue diese Entdeckung glänzen
zu lassen. Denn ist die Liebe nur thierisch, so gibt es auf jeden Fall

gar nichts zu lachen; nur daß sie doppelseitig ist, ideal und real zu=
gleich, eine Rose im Erdengrund, nur dieß ist komisch, gibt in gewisser
momentaner Beleuchtung zu lachen; finden, daß der Mensch eigentlich
Thier sei, ist nicht komisch. Natürlich aber gefällt sich nun der Zoten=
reißer breit und warm in dem rohen Materialismus, der seinem übel=
riechenden Witze zu Grunde liegt, und treibt ihn gewohnheitsmäßig.
Entfernt kein Geist wie Mephistopheles thut er es dem Schandgesellen
gründlich gleich, wo dieser nur kalt und frech den Faust vor sich
selbst erniedrigt, „zu Nichts mit einem Worthauch des Erdgeists
hohe Gaben wandelt" und mit der „unanständigen Gebärde" unnenn=
bar plastisch andeutet, daß auch hinter dem sinnvollen Mysticismus
seiner einsamen Naturbetrachtungen in Wald und Höhle doch im
Grunde nichts stecke, als ein verirrter Geschlechtstrieb. Die Gewohnheit
nun setzt Brüder im Geist voraus, Kreise, worin man sich verständniß=
innig zunickt, wenn man sich im Koth beisammenfindet. Solche Kreise
waren, im sechzehnten Jahrhundert vorzüglich, ganze Völker, und ob=
wohl in gar mancher Beziehung diese Zeit eben aus der Naivetät
herauswuchs, können wir doch mit einigem Rechte sagen, die Leute
haben damals noch dem Kinde geglichen, das im Schmutze wühlt, und
es komme demnach in der Beurtheilung ihnen noch etwas von diesem
Standpunkt zu gute. Dennoch war es ekelhaft und bei einem Shake=
speare muß man sich immer auf's Neue besinnen, wie er, der die Uebel
seiner Zeit sonst so scharf sieht, der in ernstem Zusammenhang die
große ethische Strenge gegen die Wollust zeigt, so unfrei mit seiner
Zeit in die Vorstellung versinken konnte, daß Geschlechtliche sei ein
komisches Motiv auch ohne oder mit einer erbärmlich winzigen Zuthat
von Witz.

Schließen wir also dies witzarme Aufdecken gleich vornweg von
demjenigen Verfahren aus, das wir als berechtigt nachzuweisen im
Begriffe sind; das ist ja, wie gesagt, nicht komisch, und wir stehen
doch beim Komischen; wird unter Cynismus schlechthin solches Wühlen
verstanden, so haben wir nichts mit ihm zu thun, sondern überlassen
ihn dem Pöbel (aller Stände); gesteht man aber dem Wort eine freiere,
weitere Bedeutung zu, so sagen wir: es gibt einen Cynismus, der be=
rechtigt ist, weil er dem Komischen dient; denn wer einem Herrn dient,
der ein großes Recht zum Dasein hat, dessen Dasein und Thun ist
doch auch berechtigt. Erinnern wir uns nun und halten fest, daß
man bei Cynismus durchaus nicht blos an das Geschlechtliche zu
denken hat, sondern an ein Aufdecken der groben Natur aller und
jeder Art, so stehen wir wieder in unserem eigentlichen Zusammenhang
und schreiten zum Hauptsatze!

Wer unbedingt das Cynische verbietet, der verbietet das Komische, denn dieses kann des Cynischen nicht entbehren. Das Komische wird wahrhaftig nicht immer, nicht nothwendig cynisch sein, aber es muß die Hände ganz frei haben, sich des Cynischen zu bedienen, wann es ihm dient. Denn das Komische ruht auf dem Kontrast, die Freiheit im Kontrast-Erzeugen ist aber dahin, wenn es verboten sein soll, mit einem starken Ruck aufzuzeigen, daß dasselbe Wesen, der Mensch, dessen Haupt in der Geisterwelt steht, mit breiter Basis in der Natur steckt, mit langen Wurzeln in die Mutter Erde gesenkt ist, oder wenn es verboten sein soll, denselben Kontrast, wenn der Zufall ihn aufdeckt, zu bemerken und zu belachen. Statt Kontrast müssen wir eigentlich setzen und haben bereits gesetzt: Widerspruch. Das Komische ist der ertappte Mensch. Wäre der Mensch nur ein andermal ein Weiser, ein andermal ein Thor, jetzt ein freies Kunstwesen, jetzt ein thierverwandter Sohn der Natur, in dieser Stunde ein hochfühlender Geist, in der nächsten nach Speise und Trank lechzend und den Folgen dieser Genüsse unterworfen, da wäre nichts zu lachen. Das Zwerchfell schüttelt sich nur, wenn wir reimen sollen, was sich nicht reimen läßt, außer im ruhigen, nüchternen Denken, zu dem uns aber die Plötzlichkeit des Schlags, die bei allem Komischen vorausgesetzt ist, keine Zeit läßt. Genau ebendasselbe Wesen und in ebendemselben Momente muß als dumm und gescheut, stark und schwach, hoch und niedrig dastehen, der Eine dieser zwei Endpunkte muß durch den andern durchscheinen. Nun ist aber sonnenklar, daß eine Grenzlinie dafür, wie weit oder wie wenig weit der Zufall oder der Witz in's Niedrige greifen dürfe, um es dem Hohen, dem Geistigen in Einem und demselben Wesen entgegenzuschleudern, unmöglich gezogen werden kann. Ein edler, hochgestimmter Mensch, der von einer Eitelkeit, Naschhaftigkeit, einem sinnlichen Gelüsten irgendwelcher beziehungsweise milder, unschuldiger Art unbewußt beschlichen wird und dieß naiv zum Vorschein bringt: dieß kann genügen zu einem vollkommen komischen Kontraste. Wird er sich des Widerspruchs selbst bewußt und belacht ihn, wird also aus dem Ertappten und Ertappenden Ein Mann: um so besser. Der heilige Augustin bekennt, als er Christ geworden, aber so schnell aus dem Genußleben seines lustigen Heidenthums sich noch nicht losringen konnte, habe er oft seufzend zu Gott gebetet, er möchte ihn aus dem Pfuhl der Lüste erretten, doch manchmal hinzugefügt: aber nur nicht gar zu schnell! Dieß ist vollendet komisch ohne irgendwelche Nennung des Häßlichen. — Ein Pfarrer, der versichert, er pflege aus Gesundheitsgründen zu predigen, bis er schwitze, sagt immer noch nichts Unanständiges, — Schweiß: das passirt noch. Aber es kann im Komi-

schen so glatt eben gar nicht immer ablaufen; wer es verwehren
wollte, zu lachen, wenn von einem Dichter erzählt wird, er mache
öfters Verse auf dem Nachtstuhl, der wäre doch wohl abgeschmackt,
wiewohl unzweifelhaft ein Nachtstuhl nichts Appetitliches, die Vorstellung gründlich cynisch ist. Nun denke man an Naturen, die eine
Neigung zum Komischen, Laune, Witz, Humor haben, und man begreift, daß sie keine matten, halben Kontraste lieben, daß sie daher
gern stark salzen. Nie wird es gelingen, sie darin zahm zu machen.
Es ist höchst geistlos, den Häring gelten zu lassen, mit dem Zusatz:
wenn er nur nicht so salzig wäre. Oben ist gesagt, Cynismus sei
„zunächst" ein Wühlen im Schmutz mit Vorliebe. Dieser Begriff hat
sich uns nun wesentlich vertieft, veredelt. Aus der Vorliebe und ihrem
Thun ist eine freie Liebe zu einem Spiel geworden, das Sinn und
Tiefe hat und ästhetisch genannt werden muß, obwohl es in den
Schmutz greift. Man stelle sich aber auch ganz idealistisch gestimmte
Menschen vor, die als solche für Störungen hoher Gefühle, Phanta-
sieen, Gedanken so äußerst empfindlich sind; man versetze sich in ihren
Grimm gegen diese Störungen, man vergegenwärtige sich diejenigen
unter ihnen, die zugleich die humoristische Ader haben, so muß doch
einleuchten, daß sie doppelt gern stark salzen, daß sie also ihren Zorn
auf das Niedrige, das so quer uns kreuzt, durch die stärksten Bezeichnungen auszustoßen lieben: so wird man doch erkennen, wie schwach
es wäre, zu erbeben, sich zu entrüsten, wenn sie so stark in's Zeug
gehen. Es ist ja eben Idealismus, es geschieht ja aus Idealismus;
es soll ja darauf getrumpft werden, daß die reinsten geistigen Stimmungen von der Beschäftigung mit dem Schmutze unterbrochen werden,
welche unbarmherzig die Natur uns auflegt. Befreien wollen sie sich von
der Erdenlast, indem sie das Schimpfenswerthe verschimpfen, mit Ekel-
namen brandmarken, negirt wird das Niedrige, indem der Geist es
verdonnert. Doch dies gehört nur so weit hieher, als sie noch halb-
ärgerlich zu dem Elend lachen, vom Cynismus in lauterem Ernste ist
hier noch nicht die Rede. Man darf außerdem nicht vergessen, daß nicht
nur solch erzürnter, halb pathologischer Idealismus, sondern auch der
freie Humor, aller Humor gern, ja nothwendig übertreibt, daß er die
Hyperbel nicht entbehren kann. Falstaff weiß wohl, daß Bardolphs
Nase nicht Laterne am Admiralschiff, nicht das höllische Feuer, nicht
der reiche Mann in Purpurkleidung, nicht ein flammendes Cherub-
schwert, nicht ein ignis fatuus, ein unauslöschliches Freudenfeuer, nicht
lodernde, leuchtende Fackel ist; Joh. Christoph Friedr. Haug weiß
wohl, daß Herrn Wahls Nase nicht so groß ist, wie er sie macht, daß sie
nicht zwei Stunden lang zum Königsthor hereinkommt und arretirt

werden soll, weil sie sich nicht ausweisen kann, nicht so groß, daß man von Vermessung abstehen muß, weil die Geometer Diäten fordern. Der Humor idealisirt in seiner Weise, nemlich umgekehrt, er vergött= licht das äußerst Kleine, das über sein Maß wächst und das Wohl= verhältniß stört, als wollte es Rache üben an dem Zwang, den es um der lieben Ordnung willen erfahren muß, als wollte es abwehren, daß die Welt vor lauter Regel fad und langweilig werde. So kann es ihm denn auch nicht einfallen, die Natur sauber zu waschen, wo sie in die ängstlichen Kreise des Anstandes einbricht oder wo er sie für seine Zwecke einbrechen läßt; grob, je gröber je lieber muß er sie auftreten lassen, denn wo bliebe sonst der geforderte komische Kontrast?

Wir müssen nun den rein komischen Cynismus erst etwas näher betrachten. Das vorhin angeführte Beispiel von gereizten Idealisten ist aus der Welt einer Bildung gegriffen, deren geschärftes Bewußtsein höchst empfindlich ist gegen die Launen, womit die Natur, an die wir gekoppelt sind, den Geist und seine Schwingungen durchkreuzt; jetzt ist der freie, lustige Humor im Auge zu behalten und ist darin sogleich eine Unterscheidung einzuführen, die mit der obigen nicht verwechselt werden darf, welche einen harmlosen Kinder=Cynismus und einen häßlichen, nicht harmlosen Zoten=Cynismus einander entgegenstellte; nur eine Parallele, wenigstens zwischen dem ersten Gliede des einen und andern Paares läßt sich bemerken, wenn wir jetzt einen naiven Cynis= mus ganzer Perioden und Schichten der Gesellschaft von einem bewußteren, zugespitzteren, durch bestimmte oppositio= nelle Wendungen in der Culturgeschichte bedingten fest unter= scheiden.

Verweilen wir zunächst bei der ersteren Form. Ganz ohne Oppo= sitions=Absicht ist allerdings auch sie nicht. Der Cynismus mit komischem Absehen hat, wie wir gefunden, hinter seinem nächsten Ziel immer auch die falsche Bildung, die übertriebene Scham, die zu ängstliche Ver= hüllung des Natürlichen im Auge; er führt immer Krieg mit diesem Feinde, mag derselbe auch nur im Hintergrund stehen. In der That ist dieß der Fall schon in den Zeiten und Sphären, wo der in Rede stehende naive Cynismus zu Hause ist. Man kann fast sagen, er kämpfe doch auch gegen eine stete Möglichkeit des Uebergangs der richtigen Anstandsbegriffe in falsche, in Zimpferlichkeit und Prüderie. Er ist wirklich verwandt mit der Liebe der Kinder, im Schmutz zu wühlen und das Geschlechtliche herauszukriegen, wovon wir gesprochen und gesehen haben, daß ein Minimum von Opposition gegen das Künst= liche in der Bildung dahinter steckt. Die Bildung ist immer künstlich,

mag sie auch so neu sein, daß von zu großer Künstlichkeit noch nicht
eine Spur sich zeigt; sobald der Mensch aus der Thierheit heraus
ist, ergreift er ein System von Mitteln, seine Naturseite zuzudecken,
das Kunst zu nennen ist, obwohl eine sehr gute, die ihm nur zur
Ehre gereicht; aber die schwachen Keime künftiger Künstlichkeit liegen
doch bereits in dieser noch jungen Kruste verborgen. Das wittern
denn alte Kinder, wie jederzeit die jungen, nehmen die Hand voll Lehm
und werfen darauf los. In der That herrscht in den Zeiten, von
denen jetzt die Rede ist, nichts weniger, als Prüderie — nemlich noch
keine, wie in unsrer modernen Zeit keine mehr herrscht (wenn man
nicht das Verkriechen der Frechheit unter den Anstandsbegriff so nennen
will). Unsere Anstandsgesetze sind von viel neuerem Datum, als die
Meisten glauben. Keine kleinere Geschichtsperiode, als geradezu das
ganze Alterthum, Mittelalter, noch das sechzehnte, siebzente und ein
nicht leicht zu begrenzender Theil des achtzehnten Jahrhunderts ist
unter unserem Gesichtspunkt als Zeitraum der Naivetät zu bezeichnen.
Ist nun alle Welt naiv, so scheint ein Gegner, der wegen zu viel
Scham cynisch zu verlachen wäre, gar nicht vorhanden; aber unsichtbar,
im genannten Sinne, ist er doch vorhanden. Die Cynismen des Aristo-
phanes sind faustdick, ich erinnere nur an die Schluß-Scene des ersten
Akts der Weibervolksversammlung, an die Witze, welche den Aufflug des
Trygäus im „Frieden" begleiten, und an die gewissen Sichtbarkeiten
in der Lysistrata. Man kann allerdings mit einigem Rechte sagen, es
sei die Feierlichkeit des hohen Styls in der Tragödie gewesen, wogegen die alte Komödie sich diese Genugthuung nahm: eine Rache des
Lächerlichen am Erhabenen. Wie es in den Satyrstücken, dann auch
in der neueren Komödie der Griechen, wie es in den italischen Atel-
lanen herging, kann auch der Unkundige aus Vasenbildern ersehen. —
Das Christenthum, sollte man meinen, werde eine neue Aera strengerer
Verhüllungen und Verschweigungen geschaffen haben. Lag es doch in
seinem Prinzip, daß es mit dem Messer der Negation zwischen Geist
und Leib hindurchschnitt; daraus scheint ja zu folgen, daß das Gefühl
der Scham mit einer den Naturreligionen unbekannten Stärke in
den Gemüthern aufgestiegen sei. Allein ganz andere, spätem Wachs-
thum vorbehaltene Bildungs-Elemente mußten erst hinzutreten, um
den im spirituellen Dualismus dieser Religion schlummernden Keim
zu entwickeln. Auch die romantische Zeit mit all ihrer Ueberschweng-
lichkeit im Frauen-Cultus war noch unendlich ungenirt und die Scherz-
bücher des Mittelalters bereiten mit herzlicher Unflätherei den Eulen-
spiegel vor. Dem sechzehnten Jahrhundert, dem Zeitalter der Reformation
fiel es nicht ein, daß aus dem neuen ethischen Leben, das mit der

Abschüttlung langer Unmündigkeit aufgieng, auch strengere Decenz= begriffe zu folgern seien. Im Gegentheil, da nun auch das Volk aufwachte, geht ein Grobianismus los, wie er noch nie dagewesen. Man weiß, wie Luther redet und schreibt, man weiß, was für Dinge er in offenem Sendschreiben dem König Heinrich VIII. von England sagt, der den Theologen gelnacht und über die Lehre vom Abendmahl gegen den Reformator geschrieben hatte: es ist so, daß einem ordent= lichen Schüler heutiger Anstandsbegriffe die Haare wie Spieße sich aufrichten müßten, wenn ich es hersetzte. Und an der Reinheit und Zartheit von Luthers Gemüth kann doch Niemand zweifeln! — Ich will statt zahlloser Belege nur den herrlichen Mann und närrischen Humoristen Fischart noch anführen. Der hatte nun freilich in seinem Rabelais, als er dessen Gargantua und Pantraguel frei übersetzte, eben kein Muster von Decenz vor sich, allein Deutsche und Franzosen, wie auch Engländer waren darin Eines Sinnes, Niemand wußte es anders, als daß es ein ungeheurer Spaß sei, wenn man vom Natür= lichen mit derber Faust das Feigenblatt wegreiße. Das Kapitel: „wie sich Grandgoschier verheirat" in Fischarts „Affenteuerlich Raupen= geheuerliche Geschichtsklitterung" ist bekanntlich zu gutem Theil eigenes, freies Werk des Rabelais = Uebersetzers und ist ein rührend schönes Zeugniß von seiner hochsittlichen Schätzung des Werthes der Ehe, aber dies herzliche, rein und warm gefühlte Lob aller Güter, welche das eheliche Band in sich schließt: welche colossalen Unfläthereien und Obicönitäten sind dazwischen eingekleret, oder besser umgekehrt: aus welchen Klexen fingersdick aufgetragner Kothfarbe hebt sich der gemüth= volle Himmel dieses rührenden Bildes! — Der Volkshumor schuf sich damals bekanntlich seinen typischen Träger im Narren, im Hanswurst. Der war nun durchaus ein Cyniker erster Sorte, und Gottsched, als er zwei Jahrhunderte später dem so groben und schmutzigen, als heiteren Burschen den feierlichen Prozeß machte, hat dazu bessere Gründe ge= habt, als es einem heutigen Freunde des Humors scheinen mag, der den Untergang dieser personifizirten Komik, dieses stehenden komischen Chorus beklagt. Es führt dies freilich abermals auch auf die Zote zurück, denn der Hanswurst war so stark in diesem Punkte, wie in den turpia. Das ist sehr schlimm; allein seine Zoten waren grob, und dies ist doch nicht ganz so schlimm, als wenn sie fein gewesen wären. Wir wollen hier einen Nebensprung auf das moderne Theater machen. Die Lüenbachischen Singstücke sind in ihren guten Theilen hanswurstisch und dies ist ganz nett und lustig. Es soll immer auch eine Kinder=Komik geben, fröhlichen, dummen Spaß für alte und junge Kinder. Nun aber ziehen sich dazwischen Anzüglichkeiten, Lüstern=

heiten, freche Reize, frivole Anspielungen mit Spitzen des Hohnes auf
jeden Glauben an Keuschheit und Treue, die einem Boden gründlicher
Verdorbenheit entwachsen sind. Das ist Gift und doppeltes Gift,
weil der Schierling da gepflanzt ist, wo man ihn nicht vermuthet: in
einem Kindergarten mit Schaukel, Caroussel und Rutschbahn für harm=
lose Lust! Gierig hat man diese Mischung von lustiger Narrheit und
Arsenik besonders in Wien aufgenommen, wo der Gaumen schon gründ=
lich dafür zugerichtet war. Ich habe, da ich Wien zu verschiedenen
Zeiten besuchte, die Stadien vom gesunden, hellen, köstlichen Raimund=
Humor bis zur Schmutzlache stufenweis verfolgen können. Der Pegel
war Nestroy, dem ich einst so lustige Theater=Abende dankte, wie jenem
Zaubermeister der ächten Komik, den ich dann endlich auf einer Stufe
der Gemeinheit angekommen sah, daß man ihn mit einem Fußtritt
von der Bühne hätte stoßen sollen. Er konnte mit einem bloßen ge=
quetscht nasalen „Ah“ im Zusammenhang eines Gesprächs, wo von
weiblicher Unschuld die Rede war, ein ganzes Jauche=Faß von Schmutz
entladen, war aber gleich stark in der Kunst, das feinere Eitergift des
artikulirten deutlich zweideutigen Wortwitzes in jedes Ohr und in jede
Seele zu spritzen. Damals sagte Hebbel von ihm: wenn der an einer
Rose nur gerochen hat, so stinkt sie. Die Zuhörer waren hochbeglückt.
Wie es dann weiter gekommen, weiß man. Es ist eine eigene Nase,
die Nase eines großen Theils des Wienerpublikums — was nicht
stinkt, mag sie nicht. Das Treibrad in diesen Steigerungen ist die
Hetze. Immer mehr! Immer Neues, immer stärkeren Pfeffer! ist die
Losung und so wird das gelüstige, naschhafte, ungeduldige Kind zum
verdorbenen Lecker von Teufelsdreck. Es ist übrigens nicht blos die
bald gröbere, bald feinere Zweideutigkeit, nicht blos ein Unfug
der Schaubühne, um was es sich handelt. Unsere Zeit hat ein
Geschlecht von Schreibern erzeugt — es blüht vorzüglich auf dem
Helikon des Journalwesens, soweit ihn nicht die Sonne der Ehre be=
scheint, und lagert sich gern im Feuilleton —: dieses Geschlecht weiß
viel, hat sogar Schopenhauer gelesen, ist höllisch modern, gründlich
blasirt, hegt und treibt aber Ein tiefes Mysterium: die große, nagel=
neue Geheimlehre, daß das ganze Leben sich einzig um den Geschlechts=
trieb (neben dem Gelde) drehe. Das gleicht dem ägyptischen Tempel,
der mit Sphinx=Alleen, Prachtthoren, Säulenhallen geheimnißvoll die
Erwartung hinzog, bis endlich im kleinen Heiligthum das Räthsel sich
löste: Stier Apis. Die Virtuosen unter diesen Mystagogen treiben
es nicht plump, sie wissen mit feinen Operationen nur die ganze Luft
so zu spannen, zu laden, zu stimmen, daß es ist, als wimmelte sie von
halbsichtbaren Phallen, — und so sind sich diese Edlen ihrer Wirkung

und. — ihres Honorars gewiß. — Gegen solches sublimirtes Gift ge=
halten war denn die Zote des vierschrötigen Bauernspaßes in jenen
Jahrhunderten immer noch unschuldig, eben weil sie grob war. Sie
wollte nicht reizen, sie meinte einfach dumm, dies Wühlen sei lustig.
Dennoch ist sie der ekelhaftere Theil des alten, naiven Cynismus, man
kann heute noch weit eher über ihn lachen, wo er nicht im Geschlecht=
lichen, sondern in anderweitigem Koth umplätschert.

Im siebzehnten Jahrhundert warf sich der Volksroman gegen
den falschen Idealismus des schäferlich höfisch sentimental galanten
Kunstromans einer Scüdery, eines Zesen, Buchholz, Herzogs Anton
von Braunschweig, riß der geschminkten Beschönigung ihr Schönpfläster=
chen herunter und stieß ihr die grobe Lebenswahrheit unter die
Nase. Nicht mit weicher Hand konnte Christoph von Grimmels=
hausen in seinem Simplicissimus diesen Stoß führen, und man wird
sich von der Wahrheit unseres Satzes über das Recht des Cynismus
recht schlagend überzeugen, wenn man nur einige Blätter in der
„Clelia", oder in „Rosenmohnd", oder im „Assenat, d. i. derselben
und des Josephs heilige Staats= Liebes= und Lebensgeschichte", oder
„Des christlichen teutschen Großfürsten Hertules und der böhmischen
töniglichen Fräulein Valista Wundergeschichte", oder der „durchlauch=
tigsten Syrerin Aramena" lesen und dann einige Gänge mit dem
„seltzamen Baganten" Simplicissimus durch die unerbittlich grobe
Schule des Lebens machen will. Wie es dann erst in der eigentlichen
Satyre hergieng, kann man sich denken. Sie wandte sich besonders
stark gegen die damals von Frankreich herübergekommenen Moden.
Ich habe eine Stelle aus Moscherosch's „Wunderliche und wahrhaftige
Gesichte" in den Krit. Gängen (N. F. B. 1, H. 3, Seite 118) mit
griechischen Lettern abgedruckt; eine andere, etwas weniger starke, mag
deutsch hier stehen, wie sie denn auch so lautet, daß man sagen kann:
dies ist deutsch gesprochen. Es ist von dem S. 29 erwähnten Speck die
Rede, einem dicken, bis zu fünfundzwanzig Pfund schweren Wulste, den
damals die weibliche Mode um die Hüften legte, um sie schön voll er=
scheinen zu lassen und das Kleid, den Reifrock, desto weiter vom Leib
abzuheben; es war ein Stück, dem man, wie heutiges Tags dem
Chignon, nachsagte, daß es sich leicht zur Herberge für Bewohner der
entomologischen Klasse fortbilde: „das müssen ja feiste Säue sein und
ein ehrlich Mann nicht unbillig sich scheuen, einen solchen schmutzigen,
garstigen Lausjack anzugreifen." Doch beide Stellen gehören eigentlich
nicht hieher, denn sie sind im ernsten Zorn gesprochen und wir sind noch
am Komischen. Zu sagen ist noch, daß Moscherosch ein sehr gebildeter
Mann war, in bedeutenden Aemtern stand und mit Fürsten verkehrte.

Wer kennt nicht die köstliche Elisabeth Charlotte? Und sie war eine geborene Pfalzgräfin, Gemahlin eines Herzogs, Bruders des Königs Ludwig XIV., an dessen Hofe doch ebendas sich ausgebildet hat, was von da an als wohlanständiger Ton und Takt die Sitte Europa's nach und nach in Zucht und Schule nahm! Es ist die sittliche Gesundheit, die sich in der grundverdorbenen Anstandswelt rein bewahrt hat, was dieser Frau den Freibrief für ihre große Derbheit in die Hand legte. Freilich war jene Anstandswelt noch lange nicht die unsrige. Sie maskirte mehr Unsittliches, als Natürliches (naturalia). Der neue Decenzschliff brauchte eben noch lange Zeit, bis er die Welt eroberte und wurde, was er jetzt ist; er mußte sich an manchen Schleifsteinen noch zuschärfen, mit späten Nachwirkungen des Puritanismus in England, mit späten Consequenzen und Früchten der Reformation in Deutschland sich versetzen, deren größte die Kant'sche Philosophie war; etwas von der Strafsheit ihrer sittlichen Begriffe ist in die allgemeine Luft der protestantischen deutschen Bildung übergegangen und hat mitgewirkt, dem Anstandsbegriff eine vorher unbekannte Strenge zu geben. Endlich aber mußte das Gegentheil kommen, nemlich die allermodernste Frivolität, um ihn bis auf die Spitze jetziger Aengstlichkeit zu steigern.

Ganz aber hat er die Welt nicht erobert und wird sie nicht erobern; so lang es eine Natur, eine Wahrheit und einen Witz gibt, werden sie sich's nicht nehmen lassen, dann und wann ein Loch in den latirten Zaun des Anstands zu stoßen, hervorzugucken und zu lachen. Ein armseliger Philister, wer dann erschrickt und sich empört! Es gibt freilich Jedem zuerst einen Stoß, aber einem freien Gemüth keinen solchen, der mit Schauer, sondern der mit Schütteln des Zwerchfells endigt. „Rotz" ist ein mit Recht verpöntes Wort, aber das „Rotznäschen" im Kinderkreis von Werthers Lotte ist ja doch wohl so fürchterlich nicht, daß die Welt des Anstands darüber einfiele. Jemand durchlas die hinterlassenen Briefe einer sinnigen, tugendreichen Frau aus der Sphäre, worin der alte, gut bürgerliche Volkston noch nicht erstorben ist: in einem Brief an ihren Mann, geschrieben aus der Hauptstadt, wohin sie mit einer Schwägerin (Rike) gereist war, die das Fahren nicht vertragen konnte, fand sich die Nachschrift: „Die Rike hat auch wieder gekotzt." Hätte er so ganz absurd sein sollen, nicht zu lachen?

Die Stelle aus Goethe mahnt, es sei Zeit, zur zweiten der oben unterschiedenen Formen des komischen, des lachenden Cynismus, nemlich zu der culturgeschichtlich motivirten p o l e m i s c h e n, o p p o s i t i o n e l l e n überzugehen. Es gibt Wendungen in der Geschichte der Literatur, Kunst und Sitte, wo sich lebendige Geister aus=

drücklich bewußt werden, daß die Bildung überhaupt, daß die Begriffe des Schicklichen und Erlaubten in der Welt des Schönen bei der Un= natur angekommen sind. Jetzt erhebt sich mit jugendlicher Derbheit der Muthwille und führt gegen den Schnürleib seine Streiche, um die eingezwängte Natur zu rächen und wieder in ihr Recht einzusetzen. In Frankreich war es so gekommen, war insbesondere das Anstands= gesetz auf der Bühne so höfisch verfärbt worden, daß Voltaire es em= pörend findet, wenn im Hamlet die Schildwache sagt: keine Maus hat sich gerührt. Shakespeare galt als ein Dichter für „betrunkene Wilde", als ein „Düngerhaufen". In Deutschland hatte Gottsched, „der große Lederne", die Poesie nach diesem Reglement des höfischen Wohlanstands einexerzirt. Die jungen Geister, Goethe voran, liefen Sturm gegen die künstliche Mauer. Sie griffen nun mit Wissen und Willen in den Volkston und seine Cynismen. Ruht, wie wir gesehen, aller Cynis= mus irgendwie in Opposition gegen ein Zuviel von Scham, gegen das Künstliche im Anstand, so war denn hier die Absicht eine zuge= spitztere, geschärftere, es war nicht halblatent chronische, sondern offen acute Auflehnung der Natur gegen die Ueberzahmheit einer Dichtung und Vorstellungsweise überhaupt, die keine freie Bewegung mehr wagte aus Furcht, ihre saubere, feingeglöckelte Halskrause und glatte Man= schetten in Unordnung zu bringen. Die „Wohlanständigkeit", das dritte Wort seit Gottsched, vielmehr schon seit den Neukirch, Kanitz, Besser, war ja eine ganz richtige Losung gegen die Schamlosigkeiten eines Hofmann von Hofmannswaldau und Lohenstein, aber es war eine Begriffs=Verwechslung vor sich gegangen: sie sollte eine Grenz= bestimmung sein, und sie war so wichtig geworden, als wäre sie ein Prinzip. Die Vorschrift des Anstands ist eine Negation, sie verbietet das Rohe, aber sie ist, versteht sich, keine Position, die etwas schaffen kann; wo sie durchaus im Vordergrund steht, muß die einzig schaffende Gewalt in aller Kunst, die Phantasie, endlich in Verruf kommen, und wenn im Bilde des Lebens, wie es der Dichter uns vor Augen führt, die Leidenschaft zwar nicht Alles, doch aber ein Haupthebel sein soll, so begreift sich, daß diese aus der Stube voll höflicher Schüler, in die sich der Parnaß verwandelt hatte, ihren Abschied nahm. Man war allerdings so unlogisch nicht, die Anständigkeit geradezu mit dem Wesen der Poesie zu verwechseln; Verständigkeit: so lautete der Tages= befehl, freilich: mit Aufputz; verständige Wahrheiten säuberlich und anständig aufgeschmückt — genau, wie es der Philister heute noch will, — dies war das Ideal nach seinem Vollbestand, wie es in Gottscheds Kopf zur Verfestigung gelangte; aber der ganze Gefrierungsprozeß war doch vom absolut gültigen Anstandsbegriff ausgegangen. Dieser

Hauptmann nun war es eigentlich, dem der junge Goethe als Götz von Berlichingen die bekannte, noch von Niemand befolgte Einladung aus dem Fenster der Burg Jarthausen zurief. Der Eine Cynismus ist so rund und ganz, daß er hier füglich für die vielen figuriren kann, womit der junge Stürmer im heiteren Kampfesmuthe nun um sich warf, und die Mitstürmenden, die Lenz, Klinger und Andere, thaten es getreulich ihm nach. Nur das Epigramm, Xenion, Bildchen, oder wie man es nennen mag: „Nikolai auf Werthers Grab", darf nicht unangeführt bleiben. Es ist in seinem groben Cynismus so voll gesunder, ernster Wahrheit, daß wir es fast für unsre spätere Betrachtung zurückstellen sollten, die sich mit dem Cynismus im Dienste des Ernstes beschäftigen wird; der Dichter gibt ein cynisches Bild, aber eigentlich wird der Cynismus auf den Philister hinübergeworfen, gegen den er gerichtet ist. Man weiß, daß Nikolai eine Fortsetzung von Werthers Leiden geschrieben hatte, die dem Geniewesen und seinem schönseligen Gefühls=Cultus, seinem erfahrungslos weltverachtenden Hochmuth einige gute Lehren gab, zugleich aber doch auch die innere Rohheit des philisterhaften Denkens über tragisches Seelenleiden so ganz zu Tage brachte, daß einige Züge in der Führung der Fabel wahrhaft gemein und häßlich zu nennen sind. Werther schießt sich, wie man aus Wahrheit und Dichtung weiß, nur ein Auge aus, da Albert, seine Absicht errathend, die Pistole mit Hühnerblut geladen hat; hierauf tritt er dem Freund seine Lotte ab und dieser muß nun die strenge Wirklichkeit des Lebens unter Anderem in der Weise erfahren, daß das ihrer Ehe entsprossene Kind von einer syphilitischen Amme angesteckt wird. Goethe verfuhr dagegen noch mild und anständig, als er in dem Epigramm bildlich sagte: der Philister meint, wenn nur Jedermann so gesund verdaute wie er, so gäbe es keine Schwermuth, keinen Selbstmord; — ein für alle Zeit musterhaftes satyrisches Motiv gegen die Zufriedenheitspredigt ordinärer Köpfe. Man muß bei solchen Dichter=Cynismen auch an die groben Schläge erinnern, welche die bildende Kunst im Kampfe für die Naturwahrheit zu führen beliebt; der Classicismus, wie er schulmäßig in den Niederlanden herrschte, als Rembrandt auftrat, war in gewissem Sinn zu ästhetisch, den Nachahmern der Antike und Raphaels war unter der Schönheit der Form die Naturwahrheit, das Feuer des Lebensgefühls ausgegangen; Bilder wie Rembrandts pissender Ganymed sind wesentlich als Protest gegen die Beschönigung des Lebens in diesen Schulen zu fassen; sichtbar hat beim letzteren der derbe Künstler gedacht: wartet, ich will euch einmal sagen, wie es hergeht, wenn ein Adler einen Hirtenbuben durch die Lüfte führt. Der junge Goethe hat es mit andern Gegnern zu thun, greift aber in einem doch ähnlichen Kampfe mitunter nach ähnlichen Mitteln, und so werden es in Kunst und Literatur lebendige Menschen treiben, so lange die Welt steht.

Uebrigens ist Goethe durch das ganze Leben, bis in's Greisen=alter, jung genug geblieben, um cynische Anwandlungen in der frohen Laune des Humors nicht zu unterdrücken. Der Krieg gegen Nikolai und seinesgleichen hatte ausgetobt, als Goethe den Walpurgisnachts=traum schrieb, Nikolai konnte da ungeschoren bleiben; dennoch wer möchte die Figur des Proktophantasmisten entbehren, und welch' eine puritanische Gouvernantin=Seele müßte es sein, die sich nicht an dem Vers entzücken würde:

> Er wird sich gleich in eine Pfütze setzen,
> Das ist die Art, wie er sich soulagirt,
> Und wenn Blutigel sich an seinem Steiß ergötzen,
> Ist er von Geistern und von Geist curirt!

Steiß! Eines der Wörter, die man nicht, schlechterdings nie nennen soll! Wie schrecklich!

Auch nachdem der große Dichter längst in den vornehm classischen Styl eingefahren war, hat sich die gute Natur immer wieder in heiter=grobem Cynismus Luft gemacht, sobald er seine Toga bei Seite legte. Lustig knattert es in gar manchem der Sinnsprüche, Aus= und Ein=fälle, die unter allerhand Namen: Zahme Xenien u. dergl., in den gesammelten Werken aufgereiht sind. Da ist ja z. B. der kurze Dialog: „Sage doch: von deinen Gegnern warum willst du gar nichts wissen?" — heißt die Frage; die Antwort wird unter dem bekannten Gedanken=striche auch ein Blinder lesen können. Zum Schauder für zarte Ge=müther muß gesagt werden, daß unser Einer, daß Mannsleute, die unter Aesthetik etwas Anderes verstehen, als ein Backfisch oder eine prüde Miß, so etwas mit Ueberzeugung schön nennen. Der zweite Theil Faust ist in seinen ernsten Partien das Product eines matten, manirirten, allegorisirenden Classicismus, und doch auch hier kehrt in den komischen die wahre Goethe=Natur zum guten Ende wieder und läßt z. B. in der Schluß=Scene die Dick= und Dürrteufel „ärschlings" zur Hölle stürzen.

Dies muntere Fortfahren Goethe's in seinem Jugend=Cynismus ist uns übrigens ein Beleg für unsern obigen Satz, daß man nicht blos an gewisse Zeiten, an bestimmt gegebene kriegerische Positionen zu denken hat, wenn man sich vom Rechte kühner Anstandsverletzung Rechenschaft zu geben sucht. Wir haben einen naiven und einen schärfer bewußten, weil oppositionellen Cynismus unterschieden, aber auch bereits gesagt, der naive sterbe niemals aus, auch nachdem seine Zeit, die

Zeit vor Ausbildung des modernen Anstandsbegriffs, vorüber sei. Er regt sich jederzeit und braucht nicht eben acut historischen Anlaß. Es ist wahr, daß er stets einen Gegner meint, wenn er ausfällt, aber der Gegner ist doch immer da, sichtbarer oder unsichtbarer, greiflicher oder nur wie ein Geist schwebend in der umgebenden Luft.

Ein Gegenfüßler bestimmter Art ist es nun allerdings, den Jean Paul bekämpft, es ist er selbst als der überfliegende sentimentale Poet, es ist der Gipfel der gefühlsschmachtenden Stimmung der Zeit, der in ihm selbst sich darstellt und gegen den er selbst mit kühnem Prall anrennt. Man weiß, wie er es liebt, vom idealen zum realen Pol umzuspringen und umgekehrt. Er rächt die Wahrheit des Lebens an seinem Grab= und himmelsehnsüchtigen Idealismus und findet nicht Ruhe, weder hier noch dort. Die Rache ist bald fein, bald grob, häufiger das letztere. Jean Paul ist ein sehr starker Cy=niker. Unerbittlich stößt er den Leser, wenn er ihn so eben in den dritten Himmel getragen, auf den benannten und aufgedeckten Grob=stoff der Natur. Er hat sich stark in Anatomie und Medizin umge=sehen, vom Cynismus eines medizinischen Freundes lustig gelernt und schenkt uns nicht die Vorstellung: Blasenstein, Zwölffingerdarm, Er=brechen, Koliknoth; er wählt, wo es ihm dient, frischweg das gröbste Wort: Sau, Dreck, Verrecken — und fragt nicht nach dem Schrecken der fühlenden Leserin, ja er will ihn. Ich bestreite nicht, daß er darin etwan auch einmal des Guten zu viel gethan hat, aber dem unfreien Kopf und Sinn, der nicht aus dem Humor das Recht des Cynismus abzuleiten versteht, wäre mit dem kleinen Abzug, der sich aus der Einräumung ergäbe, blutwenig gedient und geholfen. Jean Paul ist und bleibt der Hauptzeuge in unserem Prozesse für die nothwendigen Grenzen des Anstands. Denn Niemand kann am Adel seiner Gesinnung, an der Zartheit seines Fühlens zweifeln, das doch nicht immer krankhaft sentimental ist, nein, das auch von ächtem Feuer jeder gesunden und wahren Hochstimmung der Seele glüht; wer irgend diese Reinheit mit= und nachzufühlen vermag, der kann so ganz gehirn=arm nicht sein, daß er unfähig wäre, sich zu denken, der Mann müsse doch seinen Grund gehabt haben, warum er so gröblich dazwischen=fuhr, und dann den Grund auch zu finden: nemlich im Kontrast, im Bedürfniß des Dichters, ihn zu schärfen, zu steigern, zu spannen. Dabei ist mit Nachdruck hervorzuheben, wie schön der deutsche Dichter von den englischen Humoristen, die seine Muster waren, gerade nament=lich von Sterne sich unterscheidet. Er ist keusch; schamhaft meidet er jede komische Wirkung, die er durch halb lüstendes pikantes Hinzeigen auf das Geschlechtliche erzielen könnte. Er verwendet das Lüsterne nur objectiv, wo er es nemlich bedarf, um eine Verführungsscene und ihre Gefahr für seine Jünglinge zu schildern, und den stärkeren Ob-scönismus nur da, wo das Bild ausgemergelter Wüstlinge oder falscher Schamhaftigkeit derben Pinselstrich fordert, wenn nicht Alles stumpf, matt, seicht, salzlos verlaufen soll.

Noch ein paar Worte von Tieck! Wie man ihn nehmen mag, unbezweifelt ist er ein feiner Mann und dieser feine Mann hat z. B. in seinem dramatischen Märchenscherz: „Leben und Thaten des kleinen Thomas, genannt Däumchen", sich ein paar Späße dicker Art erlaubt; wer noch lachen kann und gern möchte, der lese dort im ersten Akt, Sz. 2, die Beschwerde des Dichters Semmelziege über seine Gattin Ida, und im dritten, Sz. 5, die Beschwerde der Gattin über den Gatten; der Obscönismus unschuldiger Art in der ersten, der Cynis-mus in der zweiten wird doch wohl in keinem vernünftigen Leser den Schluß hervorrufen, es sei zu befürchten gewesen, daß, wer so etwas schreiben konnte, sich gar in einem Salon nicht stubenrein aufführen werde.

Genug jetzt über den Cynismus der humoristischen Gattung! Ehe wir uns zur andern Form, zum ernsten nemlich wenden, bleibt nur das fiat applicatio auf das corpus delicti, meinen Mode=Aufsatz, übrig.

Wie schwer und wie zahlreich sind denn meine Sünden in dieser Region? „Popo", „Poderbusch", „Hintern" (von der Redaction mit einem Gedankenstrich zur geraden Linie entwölbt) — dazu einmal ein „Pfui Teufel"; — muß man ein Goethe oder ein J. Paul sein, um dieses Entsetzliche wagen zu dürfen? Der Wind rollt uns den Cylinder fort, „wohin er mag, am liebsten in den Dreck." Man versuche ge-fälligst nur, an diesen Stellen hübsch manierliche Abschwächungen im Ausdruck vorzunehmen, und man wird finden, wie fad, wie dünn Alles sich macht. Zum Beispiel das glänzend blankschwarze Stück Ofenrohr, der Cylinderhut, fordert doch einen Kontrast; sollte ich an-ständig sagen: Erde? Nein, das richtige Gefühl im feineren Leser wird „Dreck" erwarten. — Das ist die Summe meiner Unthaten, und ich dächte, sie hätten leichte Mühe, unter dem Schutzdache, das unsere Betrachtung aufgebaut hat, getrost sich zu bergen. — Es stehen da noch mancherlei andere Sachen, die nicht eigentlich cynisch, sondern burschikos zu nennen sind. Dies ist das richtige Wort für den Ton, der hindurchgeht. Gans, Genserich, Schaafsherde, Affe, Esel, Kameel, Rhinozeros, Kerle, Ungeheuer, Trottel, Fex, Simpel, Taggel — dies ist studentisch geschimpft und ich getraue mir, diese Art Spaß zu ver-antworten. Man schreibt über einen Gegenstand, welcher der Rede werth und unwerth ist; werth, weil er kulturhistorisch symptomatische Bedeutung hat, unwerth, weil man vor Verdruß über all die Miß-

form, all den Ungeschmack, die Kinderei, die Hetze des Nachäffens und
Weitertreibens, den Abgrund von Hirn= und Charakterlosigkeit, die da
begegnen, hundertmal die Feder wegwerfen möchte. Man stößt auf
schwere Fragen, wie die über Freiheit und zwingendes, kulturgeschicht=
liches Gesetz, man hat Mühe, und doch hängt am Besseren, Vernünf=
tigeren so viel Firlefanz, daß man sich auf Schritt und Tritt fragt,
ob denn der ganze Rummel die Arbeit des Denkens auch verdiene:
nun, ich meine, es sei nur natürlich, daß unter diesem Kreuzfeuer
widersprechender Stimmungen der alte Student aufwacht und sich des
etwas hemdärmelichen Vocabulariums erinnert, das einst unter lustigen
Brüdern beim Weinglas üblich gewesen. Und mit dem Studenten
der Geist Fischarts, Grimmelshausens, Moscheroschs, der Geist ihres
närrischen Wörterspieles, der so lustig in den Schatz der Dialekte griff
und den noch nicht vertrockneten Teig der Sprache mit so fecken Fingern
knetete, drehte und kräuselte. Doch habe ich es sehr mäßig getrieben,
kaum etwas Neues gewagt, nur Wörter hervorgezogen, die bei uns,
in Schwaben, auch sonst in Süddeutschland noch leben, und denen ich
ernstlich zur Einführung in die gültige Sprache verhelfen möchte.
Da ist zum Beispiel das Wort Cretin, dem deutschen Organe nicht
mundgerecht und dunkeln Ursprungs; wir haben ja eigene Ausdrücke
für verschiedene Grade der in Rede stehenden Erscheinung. Daggel
bedeutet bei uns einen Blödsinnigen schwächeren Grads, einen Menschen
von irrer Auffassung und unsichern Bewegungen (mit takeln verwandt,
das in Abtakeln = Abrüsten, Abschaffen erhalten ist oder, durch Laut=
verschiebung aus Tattern = Zittern entstanden); im Scherze wird
dann das Wort auf Menschen angewandt, die im Wesentlichen normal
organisirt, nur von etwas blöden Sinnen, zerstreut und ungeschickt
sind. In Bayern und Oestreich kennt Jedermann das Wort Fex für
Cretin (scheint mit Faxen, nugae, verwandt, vergl. J. Grimm
Wörterb. 3, 1225; vielleicht sammt diesem Wort auf faseln zurück=
zuführen?). Trottel pflegt den stärksten Grad zu bezeichnen (von
trotteln: sich langsam, nachschiebend, mit schlaffem Knie bewegen, oder
aus Trute, Drude = Trudenkind, von der Drude untergeschobenes
Kind? Man hielt die Blödsinnigen für solche Wechselbälge). Wo ich
die Mode mit einem unruhigen Kind vergleiche, steht unter andern,
allbekannten Zeitwörtern: gambeln, notteln, bohrzen. Gambeln, schwä=
bisch, heißt: sitzend die Füße schaukeln (von gamba oder mit diesem
urverwandt?); notteln kennt man außer Schwaben noch in Bayern,
es bedeutet fortgesetzte, unmüßige, kurze Bewegungen, insbesondere
solche, wobei etwa an einem Tisch, Stuhl gerüttelt wird; Schmeller
(Bayr. Wörterbuch) erwähnt ein altes hnutten = vibrare; hängt es

mit Noth zusammen? vergl. im Nibelungenlied: der verge fuor genote (drangvoll im Kampf mit dem angeschwollenen Strom; jene Bewegungen gleichen denen eines Kindes, dem es Noth thut). Bohrzen ist Bohren mit dem intensivum Z, wie krächzen von krähen, und bedeutet ein nachdrückendes Necken z. B. auf einem Sopha, wodurch ein Kind etwa dem daneben Sitzenden unbequem wird. — Ich habe kein Wort aus den Regionen gebraucht, wo nach Schnaps riechende verdorbene Dialekte herrschen, Alles stammt aus gesundem Volksmund. Bekannt ist doch wohl: Gugelfuhr (Narrenaufzug, von Gugel = Mütze, Narrenkappe) und Gouch (Kukuk, Narr).

Und nun zum Cynismus des ernsten Schlages! — Uebergänge, Mischungen, Derbheiten halb ärgerlichen Scherzes sind gelegentlich aufgeführt. —

Der Anstand, haben wir gesehen, ist conventionell gewordene in diesem Uebergang ihr wahres Wesen nicht bewahrende Scham; diese Wandlung kann im Verlaufe sogar dahin führen, daß er im Thun das Schamloseste erlaubt und nur verbietet, es zu nennen. Da braucht man nun den Cynismus, um dem Heuchler, dem Lügner Anstand die Larve abzureißen. Man will erschrecken, man will das in Schlaf gelullte wahre Gefühl mit einem Stoß aus seinem Schlummer rütteln. Es ist ein Wollen, nicht ein Nursothun, als wäre man böse; der Gegenstand ist doch wohl danach angethan, daß man ernstlich böse werden kann. Es wäre eine flache, dürftige Frage: ob denn so ein Ding wie eine Mode auch des Abscheus, des Zornes, der Empörung, kurz der Leidenschaft werth sei. Warum soll sie es denn nicht sein, wenn sie dem unverfälschten Schamgefühl mit der Faust in's Gesicht schlägt? Soll denn das ein richtig bestelltes Blut sein, das nicht aufkocht, wenn man unter dem Schutze des unächten Anstandbegriffs ungestraft die Frechheit in Straßen und Sälen umgehen sieht, wenn man noch überdies in der Sitte so schamloser Aufzeigung und in der allgemeinen Zumuthung, anständig dazu zu schweigen, ein Bild der Vergiftung sehen muß, die zur selben Zeit weiter und weiter schleichend in die Säfte der Nation sich eingefressen hat? Flach und dürftig wäre es, einen so natürlichen Ingrimm bei einem Manne, der offene Augen hat, mit einem leidenden Zustand, einem blinden, pathologischen Verhalten zu verwechseln. Der Mann hat seinen Zorn dazu, ihn zu entfesseln, wo es am Ort, an der Zeit ist; er will seinen Zorn, und er will ihn loslassen, weil die faule Welt nicht bewegt wird, wenn sie nicht Püffe bekommt. Sie erwartet von einer literarischen Besprechung eines Gegenstands aus dem Formgebiet, insbesondere aus dem Gebiete gegenwärtig herrschender Kultur-

formen, eine Reihe angenehmer Witzchen; daß der Gegenstand sich
wesentlich und eingreifend mit ethisch sozialen Maßstäben berühre,
daran denkt sie nicht; kommt nun Einer und macht Ernst und schlägt
darauf, so stutzt, erstaunt, erschrickt sie, weil es doch gar so anders
lautet, als sie erwartet hatte. Läßt sich nicht läugnen, daß er die
Wahrheit spricht, so findet sie die kluge Formel: an sich, dem Inhalt
nach hat er Recht, aber die Form! die Form! — Inhalt? Was ist
denn Inhalt, den ich vorbringe, wenn er nicht mein Inhalt ist?
Inhalt, der in mir lebendig ist und danach die Form bestimmt?
Man darf den Unterschied zwischen einem Journalartikel, der sich mit
der Mode des Tages befaßt, und zwischen einer historischen Arbeit
nicht übersehen. Wer als Historiker Vergangenes behandelt, der soll
und kann die Ruhe der Objectivität bewahren; wer Gegenwärtiges
mustert und eine Welt von Verkehrtheit darin findet, der hat keine
Pflicht, ruhig zu bleiben und subjective Färbung seines Urtheils sich
zu verbieten. Der Artikel selbst sagt schon im Eingang, daß man der
Täuschung, als könnte man einwirken, dem Uebel steuern, sich unmög=
lich ganz entziehen kann, so sehr man sie auch als Täuschung erkennt.
Es ist kein Ruhm, einem gegenwärtigen Uebel gegenüber kalt zu bleiben;
man lacht, man spottet, und wo das Lachen ausgeht, wo das Uebel
zu laut schreit, da beschreit man es, da schilt man aus Herzensgrund.
Wie ist es denn da mit der Form? Ich habe Recht, wenn ich mora=
lischen Ekel ausdrücke, aber ich soll ihn nicht ausdrücken? Wodurch
drückt man denn Ekel aus, als durch Ekelworte? wodurch Verachtung,
als durch Schandworte? Hat denn die Sprache diese Worte umsonst?
Meint ihr, sie seien nur geschaffen, damit sie der Pöbel austheile?
Wenn dieser sie mißbraucht, soll darum, wer sie gerecht gebrauchen
will, sie nicht gebrauchen dürfen?

Eigentlich thut ihr nur so; ihr wißt im Grund recht wohl, daß
ihr selbst ein andermal nichts wider den rechtzeitigen Cynismus habt,
dann nemlich, wenn ihr nicht in der Schußlinie steht; nur euch, nur
eure Frau, Tochter und Base soll er nicht treffen, nur weit weg, in
fernem Raum und Zeit — da mag er's treiben wie er will.

Wir wollen hier verfahren wie oben beim komischen Humor:
mit einigen Beispielen belegen, dann die Application auf den Sünden=
bock, den Mode=Artikel, folgen lassen.

Die Briefe der Elisabeth Charlotte sind oben angeführt; schade
wäre es doch, wenn wir nicht auch ein paar Beispiele daraus ent=
nähmen. Beim Tode der Maintenon schreibt die treffliche Frau: „In
dießem morgen erfahre ich, daß die alte Maintenon verreckt ist, gestern
zwischen 4 undt 5 abendt. Es were ein groß glück geweßen, wenn es

vor etliche und 30 Jahren geschehen were." Hiebei fällt mir eine Be=
merkung ein, die ich einmal über eines der Epigramme aus Baden=
Baden zu hören bekam. Dort heißt es von einer der flotten, reizenden
Pariser=Cocotten, welche damals die noch blühende Spielhölle um=
schwebten:

> Blähe dich auf wie ein Pfau und locke mit Augen und Farben,
> Dennoch bleibt es dabei, daß im Spital du krepirst.

Ein gebildeter Herr sagte mir darüber: das Epigramm gefalle
ihm wegen seines moralischen Gewichts, nur schade, daß der Ausdruck
„krepirst" zu stark sei. — In einem anderen Briefe bespricht die Her=
zogin die schlechte Bankzettel=Operation des Finanzministers Law: „das
Sisteme hat mir allzeit mißfahlen und mißfalt mir noch. Ich kann
nichts drin begreifen und deucht mir, daß man eher sagen könnte
mitt allen den papiren, daß Laws, met Verlöff (Verlaub), arsch=
wischige sachen ahngefangen hat." Ein andermal spricht sie über
Minister Sorcy und Kardinal Dubois, Erzbischof von Cambray, den
Verdacht aus, daß sie ihr Briefe öffnen und unterschlagen, da braucht
sie dieselbe Metapher: „Gott weiß, wo die zwei Schreiben hingekommen
sind, ob sie einen altministerischen oder erzbischöfflichen Hindern ge=
wischt haben; wenn daß were, wolte ich, daß unßere Briefe beißen
könnten." Das ist nun freilich in vertrauten Briefen, und wir haben,
als vom Wo? die Rede war, diesen Fall zu unterscheiden nicht ver=
säumt, allein wenn eine Prinzessin so schreibt, so wird sie auch sonst
nur nicht auf dem Parket — eben kein Blatt vor den Mund ge=
nommen haben.

Es ist bekannt, daß General Cambronne bei Waterloo nicht
gesagt hat: la garde vieille meurt, elle ne se rend pas, sondern —
etwas Anderes. Victor Hugo in den Misérables hat es verstanden,
daß hier der Cynismus schöner ist, als das hohe Epiphonem, das
man dem Graubart fälschlich in den Mund gelegt, nur leider begeht
der Poet den Widerspruch, das einfach Derbe mit der Geschwollenheit
zu rühmen, die er einmal nicht lassen kann.

Oben, im Komischen, bei: „saumäßig" fiel mir ein Dictum ein,
das jedoch richtiger hier, beim Ernst, obwohl es auch zum Halb=
ernsten, halb Humoristischen gezogen werden könnte, seine Stelle findet.
Als das neue Dogma von der passiven unbefleckten Empfängniß Mariä
kam, traf ein Bekannter von mir einen katholischen Geistlichen in Ge=
sellschaft, nahm ihn in eine Fenstervertiefung und bat ihn unter Ent=
schuldigung seiner Kühnheit um seine Ansicht. Der Gefragte war ein
Herr von der guten alten toleranten Schule, ein höchst geachteter

Stadtpfarrer in einer schweizerischen Stadt; der Frager war doch etwas in Sorge, ob er nicht eine Indiskretion begehe; aber frisch von der Leber weg kam die Antwort: das ist eben a rechte Sauerei. Gleich wenig ethisches Gefühl wie Geschmack würde doch gewiß an den Tag legen, wer dies seiner gesagt wünschte; die Derbheit ist ja just das Gute daran und zeigt kerngesund, wie der brave Mann die ekelhaft wühlende Pfaffenphantasie in jener Art von Untersuchungen erkannte, welche solchen Aufstellungen zu Grunde liegt. Mögen manche Leser immerhin errathen, wer er war; lange schon deckt ihn die Erde; die Erwähnung kann seinem Namen im Tod keine Schande machen.

Es wird passend sein, in diesem Zusammenhang etwas vom Schimpfen zu sagen. Die neuere Bildung hat es als Unsitte ausgestoßen, mit gutem Grunde schon darum, weil der Geschimpfte wiederschimpfen wird und darin dem Schimpfer vielleicht überlegen ist. Dennoch — seien wir ehrlich! Wer unter uns hat Nerv und Blut, ein schlagendes Herz, der nicht schon ein und das andre Mal mühsam den sehnlichen Wunsch hinabgedrückt hätte, diesem oder jenem Schurken, Schleicher, dieser oder jener Schmutz=Seele in seinem Frack einmal alle Ehrentitel an den Kopf zu werfen, die sie verdienen, und sie womöglich zugleich recht gründlich durchzuwammsen? Graf Kent im König Lear mochte seufzend auch oft schon so gedacht haben; nun folgt er in Bedienten= kleidung seinem Herrn, dem König, stößt in der bekannten Scene auf den geschniegelten, gleißnerischen, schuftigen Zwischenträger Gonerils, Haushofmeister Oswald, der als Wohldiener seiner Herrin den König frech beleidigt und eben jetzt den Brief von ihr überbracht hat, worin Regan gerathen wird, den Vater nicht besser zu behandeln, als sie, die ältere, gethan; jetzt darf er den Vortheil seiner Maske genießen, sein Dienerrock erlaubt ihm den Volkston, geladen mit Grimm kann er seinem Herzen einmal Luft machen, er kann und darf es sich gönnen, und so überschüttet er den Halunken mit einem Wasserfall, einem Gewitter= regen, einem wahren Hagelwetter von Schimpfwörtern, läßt ihm, da er wohl weiß, daß wenn A schimpft, B wiederschimpfen kann, keine Sekunde Zeit dazu und verhindert dies noch gründlicher durch die Ladung von Schwerthieben mit flacher Klinge, womit er das Ehren= titelsturzbad begleitet. Ich habe einmal aussprechen hören, da Kent viel zu vornehm sei, um zu schimpfen, so müsse der Schauspieler diese Schimpfreden halb mechanisch heruntersagen in einem Ton, der aus= drücke, daß der Graf nur so thue, um in der Bedientenrolle zu bleiben. Ich wunderte mich; wohl noch Niemand hat es so genommen; mir ist es bei dieser Entladung immer wohl geworden, wie wenn nach langer Schwüle ein gesundes Donnerwetter die Luft reinigt, dem Dichter selbst,

— sehr unbeschadet der poetischen Objectivität, — mußte die Herz-
erleichterung gegen so manches Lumpenpack, das er um sich und über
sich sah, so wohlthun wie dem Grafen, dem er sie in den Mund legt;
und mit dieser labenden Entlastung sollte es ihm nicht ernst sein?
Nun lese man aber das Folgende. „Worüber bist du grimmig?" fragt
Herzog Cornwall, der mit Gloster, Edmund, Regan zu dieser Scene
gekommen ist. Graf Kent erwidert:

> Daß solch ein Lump, wie der, ein Schwert soll tragen,
> Der keine Ehre trägt. Solch lächelndes
> Geschmeiß nagt oft wie Ratten heil'ge Bande,
> Unlösbar fest geschlungne, auseinander;
> Kocht Laune auf im Busen des Gebieters,
> Sie schmeicheln ihr, sie tragen Oel in's Feuer,
> Schnee in erkaltetes Gefühl, bejahen,
> Verneinen, dreh'n wie Vögel ihre Hälse
> Nach jedem Luftzugwechsel ihrer Obern,
> Verstehn wie Hunde nichts als nachzulaufen
> — Die Pest auf deine epilept'sche Fratze!

Man blicke, nachdem man diese Kraftworte der Verachtung gelesen, nun noch einmal zurück auf den Schimpfplatzregen und frage
sein Gefühl, ob sich nicht eine Beleuchtung hochsittlichen Sinnes darüber ausbreitet!

Erlabt sich hier ein vornehmer Mann, sonst an feinen Ton ge-
wöhnt, einmal durch einen Krafterguß im Volkston, so gehört dagegen
das allgemeine wilde, fluchende Schimpfen fürstlicher Personen in
Richard III. direkt zur Charakteristik, zum sächlichen Bilde. Bauchige
Spinne, Basilisk, giftgeschwollner Molch, Mißgeburt voll Mäler,
Schandfleck für der Mutter Schoß, ekler Sprößling aus des Vaters
Lenden, Lump der Ehre sind die Ehrennamen, die Margarete dem
Herzog, dann König gibt und die er der „schnöden Here" äffend heim-
gibt; Richmond, in der Anrede an sein Heer, sagt von dem Usurpator:

> Der gräulich blut'ge, räuberische Eber,
> Der eure Weinberg' umwühlt, eure Saaten,
> Eu'r warm Blut säuft wie Spülicht, eure Leiber
> Ausweidet sich zum Trog: dies wüste Schwein
> Liegt jetzt in dieses Eilands Mittelpunct — —

Was soll man zu dem sagen, zu welchem Dickfell von Gefühl-
losigkeit müßte dessen ästhetische und sittliche Haut durch geistlosen
Anstandsbegriff verledert sein, der an dieser herrlichen Stelle Aergerniß
nähme, weil sie die Vereinigung von Wüstheit und blutiger Grausam-

keit im Tyrannen mit dem einzig richtigen, aus dem Marke der Phan=
tasie und der Kraftsubstanz der Sprache geschöpften Bild und Wort
bezeichnet! — In der ganzen übrigen Tragödie, auch in den Scenen,
wo ohne die hochberechtigte Empörung einer reinen Seele gescholten
wird wie in dieser Feldherrnrede, ist der wilde Schimpfton viel zu
furchtbar, als daß ein richtiger Sinn nur einen Augenblick Zeit
hätte, sich dabei, darüber aufzuhalten, daß er unanständig ist. Er
soll ja unanständig sein, weil er zur Charakterisirung dient; Shake=
speare weiß ja, daß an einem Hofe — durch wie viel Naivetät auch
der Hofton zu Shakespeares Zeit vom heutigen sich unterschied — so
nicht gesprochen werden darf, es ist ja die Verwilderung der aus Rand
und Band gerissenen Zeit, die er bis in diese Kreise vorgedrungen
aufzeigt!

Es kann scheinen, wir seien vom Weg abgekommen; eigentlich
ist es meine Aufgabe, bedingt zu vertheidigen, was ein Schriftsteller
im eigenen Namen Cynisches sagt, dort aber spricht ja ein Dichter im
fremden Namen fingirter Personen. Der Unterschied ist richtig und
groß genug, allein so groß nicht, daß er dem Anstands=Sklaven viel
hälfe; der soll nur gestehen, daß er das Eine so wenig verdauen kann
wie das Andere, wogegen der freie Geist Eines wie das Andre begreift
und genießt. Der Erstere behilft sich gern mit der Unterscheidung der
Zeiten: eine Auskunft, deren Richtigkeit aus besonderen Theilen unserer
Betrachtung wie aus der ganzen hervorgeht. Ist er noch nicht über=
zeugt, so möge nur Ein Beispiel aus der neueren Dichtung heraus=
gegriffen sein. Man kennt die ausgezeichnete Erzählung Heinrichs
von Kleist: Mich. Kohlhaas; man erinnert sich, daß die ganze Ge=
schichte sich um zwei Rappen dreht, die dem Roßhändler Kohlhaas
widerrechtlich genommen worden sind, daß des braven Mannes em=
pörtes Rechtsgefühl sich zum Wüthen steigert, da kein gesetzliches
Mittel fruchtet, zu seinem Eigenthum wieder zu gelangen, daß er eine
berittene Schaar sammelt, Treffen liefert, Städte berennt und anzündet.
Endlich, nachdem er sich den Behörden freiwillig gestellt, kommt
die Untersuchung, die Nachforschung in Gang und die Thiere finden
sich, zu Gerippen abgemagert, im Besitz eines Abdeckers, der sie, an
seinen Karren gebunden, nach Dresden bringt. Ein Junker und ein
Kämmerer, die in der Angelegenheit eine Rolle spielen, finden sich bei
dem Karren ein. Es ist eine rechte Schandfuhre, die Kleist nun zu
schildern hat; dies ist wesentlich, denn der Leser soll mit Kohlhaas so
recht die Schmach empfinden, in welche die edlen Thiere gesunken sind,
und dieser Dichter pflegt nichts, was irgend wesentlich ist, nur farblos
allgemein zu berichten, sondern ganz und voll zu vergegenwärtigen.

Die Mähren scheinen jeden Augenblick sterben zu wollen, stehen auf wankenden Beinen und fressen nichts vom vorgelegten Heu; der Schin= der, ein träger, gemeiner Lümmel, steht gespreizt, die Hosen sich in die Höhe ziehend, während er mit den vornehmen Herren spricht, und schlägt dann in ihrer Gegenwart das Wasser an seinem Wagen ab. — „Es wäre schon gut, wenn er nur den letzteren schmutzigen Zug weg= gelassen hätte." Zartes Gemüth! Und wir Andern sind solche Ketzer, daß wir in der Vollendung des Bilds durch diesen Zug die Meister= hand eines wirklichen Dichters erkennen.

Und nun noch einmal zu Shakespeare, zum stärksten, groß= artigsten, für unsern Zweck schlagendsten Beispiel, genommen aus seiner tiefsten Tragödie, dem Hamlet! Der zögernde und doch so feurige Held ist zu seiner Mutter berufen und gekommen mit dem Entschluß, „Dolche zu ihr zu sprechen". Sie ist ein Weib, nicht eben schlecht, nicht verdorben, guter Regungen wohl noch fähig, aber grundsatzlos, charakterlos, eine jener bestimmbaren Naturen, die, wenn ihr Blut aufgewallt ist, mit geschlossenen Augen über die scharfe Linie hinweg= setzen, welche zwischen Tugend und Verbrechen hindurchschneidet. Der „gedunsene" König muß durch ein System bedacht fortschreitender Reizungen zu Lebzeiten seines edlen Bruders ihre Sinnlichkeit ent= zündet, in einen Rausch versetzt haben, wie der war, in welchem Maria Stuart ihren Gemahl Darnley ermorden ließ oder zu seiner Ermordung das Auge zudrückte, um den häßlichen, aber sehr virilen Bothwell ganz zu besitzen. Der Dichter hat es in der letzten Redaction dunkel gelassen, wie sie sich zu dem Brudermorde verhielt: wir sollen uns wohl denken, sie habe geahnt, halb gemerkt und zugelassen, indem sie eben geistig wegsah, ihre Gedanken nicht hinlenkte. So, da sie den Mann nun hat, der nur vielleicht (wird sie denken) ein Mörder ist, lebt sie dahin und meint, es sei ja nun recht. Diesem Weibe „die Augen in's Innre zu kehren", „ihr Herz zu ringen", das ist Hamlets Entschluß. Will er dies: — man frage sich, ob er mit anständigen Worten über das, was geschehen ist, obenhinweggehen kann? Nennen muß er es, recht eigentlich, bildlos aufdecken, da gibt es keine bloße Andeutung, keine Umschreibung. Sittlichen Ekel will er wecken in der versunkenen Seele, einen sittlichen Ekel, der die Stärke des sinnlichen Ekels hat; wie soll er ohne die Ekelworte der Sprache auskommen? Hineingeblitzt, hineingedonnert muß es werden, das innere Gericht des Gewissens, in die oberflächliche, schlaffe, selbsttäuschung= gewohnte Seele. Nun sehe man zu, wie er vorgeht! Er beginnt, nachdem er den Lauscher Polonius niedergestoßen und die Königin Weh gerufen hat über die blutige That, mit den Worten:

So schlimm beinah, als einen König tödten
Und in die Eh' mit seinem Bruder treten.

Königin:

Als einen König tödten?

Hamlet:

Ja, so sagt' ich.

Dann heißt er sie wieder sitzen und spricht:

Laßt euer Herz mich ringen, denn das will ich,
Wenn es nicht undurchdringlich ist, wenn nicht
Verdammte Angewöhnung gegen jedes
Wahre Gefühl es schußfest hat gemacht.

Es ist nicht Heuchelei, es ist nur aufrichtige Flauheit des sitt=
lichen Bewußtseins, wenn sie nun fragt, was sie denn gethan habe,
daß Hamlet so wild die Zunge gegen sie wüthen lassen dürfe, und
nun beginnt die furchtbarste aller sittlichen Machtreden, die je ein
Mund gesprochen, eine Feder geschrieben hat. Zuerst wird der Begriff
der Schamlosigkeit in glühende Farbe gesetzt:

— — Solch eine That, die selbst das reine Roth
Der holdverschämten Sittsamkeit entfärbt,
Der Tugend nachruft: Heuchlerin! Die Rose
Von unschuldvoller Liebe schöner Stirn
Wegnimmt und eine Beule dafür hinsetzt — —

Wieder fragt die Königin:

— — Weh mir, welche That,
Wenn sie genannt ist, brüllt und donnert denn
So laut empor?

Jetzt folgt das Prachtmotiv, die Vergleichung der zwei Bildnisse,
und Schritt für Schritt greift Hamlet tiefer in's Eigentliche der
Bezeichnung:

— — Konntet ihr die Weide
Auf dieser schönen Hochalp liegen lassen,
Um euch im Sumpf zu mästen? Ha! habt ihr
Denn Augen? — Liebe könnt ihr es nicht nennen!
In eurem Alter ist der Saus und Braus
Im Blute zahm, es schleicht dahin und wartet
Das Urtheil ab. Doch welches Urtheil konnte
Von dem zu jenem laufen? — Sinne habt ihr

Gewiß, sonst könntet ihr ja keine Wallung
Mehr fühlen, doch gewiß ist jeder Sinn
Vom Schlag geknickt; kann doch der Wahnsinn selbst
So schwer nicht irren, die Verrücktheit nicht
So ganz die Sinne knechten, daß zur Wahl
Bei solchem Gegensatz nicht etwas Klarheit
Verbliebe. Welcher Teufel ist's, der so
Im Kinderspiel die Augen euch verband?
Aug' ohne Fühlen, Fühlen ohne Auge,
Ohr ohne Hand und Aug', Geruch, ohn' Alles!
Ja Eines wahren Sinnes kranker Rest
Tappt so nicht fehl!
Scham, wo ist dein Erröthen? Wilde Hölle,
Empörst du dich in der Matrone Gliedern,
Dann laßt die Keuschheit der entflammten Jugend
Wie weiches Wachs in ihrem Feuer schmelzen!
Ruft nicht mehr Schande aus, wenn heißer Drang
Vorstürzt und anstürmt, da der Frost ja selbst
Gleich heftig brennt und der Verstand dem Willen
Als Kuppler dient!

Königin:

O Hamlet, sprich nicht mehr!
Du kehrst die Augen recht in's Innre mir,
Da seh' ich Flecken, schwarz und tiefgeätzt
Von untilgbarer Farbe!

Hamlet:

Ha! zu leben
Im Schweiß und Brodem eines ekeln Betts,
Gebrüht in Fäulniß, schnäbelnd und sich paarend
Ueber der schmutz'gen Streu —

„Hier muß allerdings Hamlet seiner sittlichen Entrüstung sehr starken Ausdruck leihen, nur sollte dieser Ausdruck sich doch mehr mäßigen, die Schicklichkeit beobachten, nicht bis dahin sich steigern, daß so widerliche und ekelhafte Vorstellungen uns aufgedrängt werden.“

Was würdest du sagen, einsichtiger Leser, auch du, einsichtigere Leserin, zu solcher Bemerkung? Ich denke, du fändest sie stumpf, roh, just von Sinnen eingegeben, wie nach Hamlet die der Königin beschaffen sind, ja du fändest sie unbegreiflich. Es ist aber einfach eine Bemerkung, wie sie der Standpunkt eingibt, Unzähligen eingibt, eingeben

muß, mit dem wir es hier zu thun haben, der Standpunkt, dem der
Anstand als unbedingtes Gesetz gilt.

Ich meine doch, angesichts dieser Pracht- und Macht-Stelle
könnte auch ein Schwachkopf verstehen, daß man mit gutem Recht sagen
kann: es gibt Fälle, wo das Schmutzigere das Idealere ist.

Es kann scheinen, ich mache einen lächerlich weiten Sprung, wenn
ich nun von der furchtbaren Hamlet-Scene wieder zur applicatio auf
mein neueres Delikt übergehe. Die Lappen, mit denen dein Mode-
Artikel sich befaßt, höre ich sagen, wie magst du sie zusammenstellen
mit dem Verbrechen des Weibs, dem Hamlet die furchtbaren Worte
in die Seele schmettert? Deinen groben Ausfall gegen einige Formen
der Tagestracht, wie kannst du ihn mit der Sprache der Empörung
eines Sohnes über Schandthaten seiner Mutter vergleichen?

Nun, das „Wieder einmal über die Mode" ist freilich kein
Hamlet, hat aber auch so fürchterlich doch nicht gedonnert wie Hamlet,
hat doch nicht Dolche gesprochen, nur eine scharfe Ruthe geschwungen.
Uebrigens ist die Mode zwar keine Königin von Dänemark, die den
Mörder ihres ersten Gemahls geheirathet hat, doch immerhin eine Poten-
tatin, der man, wenn sie freche Tracht vorschreibt, ernstlich zürnen kann,
weil sie nicht blos einzelnen Frevel verübt, sondern das Schnöde
weithin über Länder verbreitet und den Sinn der Scham, da das
Schamlose Vorschrift wird, in der Wurzel fälscht. Spaß bei Seite,
ich wiederhole, daß ich nicht weiß, warum man gegen eine freche
Mode keinen Grimm haben soll. Erst dieser Tage bin ich auf unserer
Hauptstraße wieder einem Mädchen begegnet, dem man in Gesicht und
Bewegung ansah, daß sie von gutem Hause sein müsse; ihr Kleid war
in einem Grad expressiv vornüber gespannt, daß vom Busen bis zum
Knie jede Form, 'concave wie convexe', ganz wie nackt, schlimmer als
wie nackt zum Vorschein kam. Ich dachte: die Polizei duldet doch
nicht, daß die Sinnlichkeit in so nackter Blöße, wie sie in einem
taumelnden Betrunkenen sich zeigt, offen auf den Straßen umgehe;
daraus folgt logisch, daß auch die in Kleidern nackte Frechheit arretirt
werden müßte. Nicht der Trägerin, die sichtbar ganz arglos, nur mit
dem Bewußtsein ächt modischer Herrlichkeit daherschob, konnte der Un-
muth gelten, aber der unbekannten Mutter, dem unbekannten Vater,
die das besser wissen können, und schließlich den Erfindern und Ein-
führern, die es besser wissen müssen und die es so frech gewollt
haben, sowie den Unzähligen unter den Wissenden zwischen den Nicht-
wissenden, die bereitwillig den Tonangebern folgten und folgen. — Ich
bin dann in ein sehr besuchtes Bad gekommen und habe auf dem Cur-
platz das jetzige System der weiblichen Mode auf der Höhe seiner

Spannkraft nicht an Wenigen gesehen; wiederum häufig genug bei
Frauen und Mädchen, die entfernt nicht danach aussahen, als gehörten
sie zur verdächtigen Klasse, doch aber es trieben, als verlangten sie
durchaus, zu derselben gezählt zu werden. Es ist ein Herbieten, ein
Herstrecken der Formen unter dem übergepreßten Kleidstoff, das in jedem
Moment sagen zu wollen scheint: sich — da — zum Platzen gespannt,
über Brust, Hüften, Bauch, Schenkel, Knie — gleich wird's platzen —
aber halt, nein! erst nicht, es ist solid — ich bin ja eine züchtige
deutsche Frau!

Es ist schwer, sich vorzustellen, wie plump, wie thierisch roh der
Geschlechtstrieb eines Mannes sein muß, den das nicht anekelt.

Einmal — und nicht zum erstenmal — sah ich auch eine Dame
— und auch diese der übrigen Erscheinung nach nicht von den Un=
soliden — die eine beträchtliche rothe Masche auf einer Stelle trug
— vorn — ich mag nicht sagen: wo! mag nicht, obwohl ich im Namen
des berechtigten Cynismus es dürfte, mag nicht, weil ich mir und
dem Leser die Phantasie nicht bis auf den Grund vergällen will; —
und neben dieser Jungfrau gieng etwas wie Mutter oder Tante —
würdige, gewiß nicht topographisch unwissende Matrone —, und schien
sehr zufrieden mit dem vorgeführten Resultate der sinnigen Putz=
berathung.

Kurz, es steht so, daß das Urtheil aller und jeder Rücksicht ent=
hoben ist. Wer ein solches öffentliches Uebel, das in der Zeit so
traurig mit dem moralischen Markschwamm zusammentrifft, der an
unsrer Nation frißt, mit Sammthandschuhen anfassen kann, der mag
es thun und verlange nur nicht, daß er ein Muster sei. Ich spreche das
Ausnahme=Recht an, das ich dem Cynismus vindicirt habe, und zwar
hier das Recht jener Grobheit, die aus dem ernsten Unwillen fließt.
Ich weiß, mit welchem Hohn die Blasirtheit von der „sittlichen Ent=
rüstung" spricht. Ein Zeichner hat Caricaturen auf Baden=Baden
veröffentlicht, wie es zur Zeit der Spielhölle war, und neben Bilder
von eleganten Pariser Loretten einen grimmig aussehenden Deutschen
hingestellt mit der Unterschrift: „ein sittlich entrüsteter Deutscher",
es galt sichtbar meinen Epigrammen aus Baden=Baden; die Dämchen
waren ganz appetitlich behandelt. — Wir sind da noch einmal und
abermals auf den Zorn, auf den Grimm zu sprechen gekommen; ich
habe zum schon Gesagten nichts hinzuzufügen, als: ich setze so viel
Bildung voraus, daß man über die Bedeutung der Leidenschaft nach=
gedacht habe und ein bißchen davon wisse, was selbst der vernunft=
strenge Kant vom affectus strenuus gesagt hat. — Manche sind wohl
auch, die den Groll nicht verstehen, weil sie kein Auge für den Gegen=

stand haben, die Erscheinungen, um die es sich handelt, überhaupt nicht bemerken. Sie mögen versuchen, sich in diejenigen zu versetzen, welche sehen.

Nun zum Einzelnen! — Die Redaktion von Nord und Süd hat mir statt: Hurenmode (S. 7) gesetzt: Dirnenmode. Ich habe jetzt das ursprüngliche Wort wiederhergestellt; denn ich will dem Ding den allein rechten Namen geben. „Dirne" wird öfters auch in ehr= barem Sinne gebraucht, ich bedarf und will ein Wort, das eine mildere Deutung gar nicht zuläßt. Ich hätte sagen können: Cocotten=, Camelien=, Loretten=, Demimonde = Mode; das hätte den Leserinnen kein Fingerchen gebogen. Ich habe in einem hübsch illustrirten fran= zösischen Werk ein Bild gesehen, wo drei hübsche vornehme Kinder, angethan, wie wir es kennen, von einem Spaziergang nach Hause kommen und triumphirend zur Mutter sagen: denk nur, Mama, man hat uns für Cocotten gehalten! Es kommt ihnen ganz flott vor. Die richtige Weltdame braucht nicht einmal wirklich unsolid zu sein, um eine solche Verwechslung ganz leicht, lustig, studentisch zu nehmen. Wer irgend wirken will — nicht zur Besserung der Mehrheit, ver= steht sich, denn das wird er sich nur vorübergehend in schwachen Mo= menten einbilden, nein, blos zur Erkenntniß für eine Minderheit, — der muß nach Worten greifen, zu denen man nicht gar noch lächeln kann, erschrecken, erzürnen muß er, daß die flauen Seelen stutzen; kurz, es ist klar: Hurenmode muß es heißen. Es ist reiner. — Von einem Weibe, das dick ist und dennoch das Kleid über den Bauch herspannt, daß er noch dicker erscheint, habe ich gesagt, sie dürfe sich nicht beschweren, wenn man sie eine gedunsene Vettel nenne. Ich bin der Sprache dankbar, daß sie mir das gründlich passende Wort dargereicht hat. Es gibt denn doch eine Grenze der Rücksichtslosigkeit gegen Auge und Gefühl der Mitmenschen, die man nicht überschreiten darf, ohne sich Ekel= namen zu verdienen. Sie dürfen es ja nur bleiben lassen, Signora, dürfen nur aufhören, den Bauch noch dicker hervorschwellen zu machen, als er ist, so wird Sie kein Mensch eine gedunsene Vettel nennen. — Das Aushängen selbst verblühter und überreifer Reize im jetzigen weiblichen Ball=, Hof= und Festtheater=Staat habe ich schweinisch ge= nannt. Ich hatte in jenem Zusammenhang in meinem Concept ur= sprünglich stärkere Ausdrücke; statt „Reize (?)" hatte ich geschrieben: Saug=Apparate; auch dies wäre noch nicht das Stärkste; wer den gerechten Ekel gegen solche Schamlosigkeit ganz ausdrücken will, muß eigentlich den Namen vom entsprechenden thierischen Organe nehmen. Ich habe mich also noch sehr gemäßigt; das „Reize" mit dem Frage= zeichen ist, ich muß es gestehen, eine ordinär flache Wendung: so geht es mit der Mäßigung, wo sie nicht am Platz ist. — Ich habe endlich vom Charakter des jetzigen Damenkleides den Ausdruck: ächt keltische Geilheit gebraucht. Man nenne mir einen, der ihn ersetzen könnte! Ein Narr, wer nicht ergreift, was ihm die Sprache Gutes, einzig Bezeichnendes bietet!

Die Damenwelt hat sich stark geregt, als der Beitrag erschienen war; manche Journal-Artikel sind aus weiblichen Kielen geflossen und außerdem ist mir eine hübsche Anzahl Briefe zugeflogen, darunter wenige ganz oder mit Clauseln zustimmende, die übrigen bedauernd, mild verweisend oder kriegerisch angreifend mit Waffen verschiedener Art, darunter ein anonymer mit den feinen Wendungen: brutal, grober Gesell, gemeiner Sinn, und: „die Schamlosigkeiten mögen in Ihrem Kreise bekannter Weiber, vielleicht aus dem sog. demimonde gäng und gebe sein" u. dergl. Nachher heißt es dann, ich habe in der Sache selbst vollständig Recht. Unterschrift: „eine deutsche Frau", Namensstempel aus dem Papier geschnitten; das Postzeichen will ich nicht angeben, denn man könnte dann die Verfasserin in ihrem Wohnort vielleicht errathen und ich will keinen Klatsch verschulden. Unterhaltend war, zu lesen, wie die polemischen Briefstellerinnen in Einem zusammenstimmen: in dem Vorwurf, daß ich allgemein spreche, nicht ausnehme, und daß so meine starken Ausdrücke das ganze Geschlecht treffen. Ich habe an zwei Stellen ausdrücklich und deutlich gesagt, wie ich recht wohl weiß, erstens, daß es Ausnahmen gibt, und zweitens, daß Unzählige einer schlimmen Mode ganz ohne Bewußtsein über ihre Bedeutung sich unterwerfen, habe auseinandergesetzt, warum dieser Umstand nicht abhalten kann, das Kind beim wahren Namen zu nennen. Ich hätte wohl zu jedem Satze den Beisatz fügen sollen: übrigens Sie, verehrte Leserin, nebst Ihrer Fräulein Schwester, Schwägerin und Base nehme ich aus, es gilt nur den Andern; dann hätte ich's recht gemacht, nicht wahr? Ist es gefällig, ein klein wenig Logik anzuhören? Genau genommen kann man der Mode eigentlich kein Prädikat beilegen, kann nicht sagen: diese Mode ist abgeschmackt, frech oder dies und das. Mode ist ein Allgemeinbegriff für einen Complex zeitweise gültiger Culturformen, ein Begriff ist nicht gut, nicht bös, nicht sittsam, nicht unkeusch, nicht geschmackvoll, nicht abgeschmackt. So kann man eigentlich nur diejenigen nennen, welche die gegebene Tracht erfunden und eingeführt haben; aus dem Charakter ihrer Formen ergibt sich ein sicherer Schluß auf die Gefühlsweise, Sinn und Sitte der Urheber, der Tonangeber. Weil es nun aber — haben Sie etwas Geduld, weiter zu hören, gestrenge Richterin! — weil es gar zu umständlich wäre, jedesmal zu sagen: diese Mode, deren Autoren

in dieser Formgebung diese und diese Eigenschaften an den Tag legen
u. s. w., so erlaubt sich die Sprache die Kühnheit, solche Eigenschaften
an das Abstractum: Mode zu knüpfen. Dabei läßt der Schreibende
ganz dahingestellt, wie sich zu diesem Charakter die unendliche Vielheit
der Nachahmer oder Nachahmerinnen verhält: wissend, halbwissend
oder unwissend über die wahre Bedeutung der Fahnen, die sie am
Leib tragen; man läßt auch ganz dahingestellt, wie Viele oder wie
Wenige zwar mitmachen, aber nach Möglichkeit leidliche Mittelwege
suchen und einschlagen: gerade dies verändert gar nichts, denn
muß man an einer Tracht erst herumprobiren, wie man sie modi-
fiziren könne, um ihr Maß und Anstand beizubringen, so ist ja
eben hiemit das Urtheil über sie gesprochen.

Zum Spaß sei noch angeführt, daß auch ein Brief von einem
empörten Hutmacher aus Leipzig einlief, womit ich Freunden einen heiteren Abend bereitete; ich danke ihm die Notiz, daß der Hutmacher-
Congreß in Leipzig tagte oder tagt, und habe hienach die betreffende
Stelle corrigirt.]

Genug jetzt! Es soll mich freuen, wenn man findet, daß es mir
gelungen ist, in das Labyrinth einer so schwierigen Frage wie über die
Grenzen des Anstands oder das bedingte Recht des Cynismus wenigstens
einiges Licht zu tragen. Daß diese Untersuchung nebenher auch zu
einer Vertheidigung meines Vorgehens im bestimmten, Anlaß gebenden
Fall werden mußte, brauche ich nicht noch einmal nachzuweisen; der
Leser wird Anlaß und Zweck zu unterscheiden wissen. Ich habe geschrieben, weil es mir sehr der Mühe werth schien, die Begriffe, um
die es sich bei den Wagnissen des Artikels und den Angriffen auf
denselben handelt, einmal genauer zu prüfen, die Anwendung auf den
nächstliegenden Gegenstand hat sich dabei nur natürlich mitergeben.

Es bleibt noch zu sagen, daß der Artikel im neuen Abdruck an
wenigen Stellen um einige Sätze erweitert worden ist; wer den ersten
Druck mit diesem zweiten vergleichen will, wird finden, daß diese Zu-
sätze keine Veränderungen sind. Es mußten an ein paar Punkten
noch bestimmtere Lichter aufgesetzt, an wenigen Stellen einige Modi-
fikationen berücksichtigt werden, welche in der Zwischenzeit aufgekommen sind.

Wie gerne schlöße man eine solche Studie mit der tröstlichen
Aussicht auf erste Spuren kommender Culturformen, welche die Kritik
nicht mehr herausfordern, von der guten Waffe des Cynismus Gebrauch zu machen gegen Ungeschmack, Wahnsinn der Uebertreibung,
widerliche Frechheit! Es ist nicht an dem, eher ist wahrscheinlich, daß
diese jetzige Mode sich noch spannen und schrauben wird, bis sie am

Uebermaße zerplatzt, wie einst ihr Gegentheil, die Crinoline und wie der aufgeblasene Frosch in der Fabel, und dann? dann wird man ebenso wahrscheinlich wieder zum andern Extrem, eben zur Crinoline, greifen.

Ach, man möchte oft seufzen: wenn doch nur der Schöpfer dem Menschengeschlecht einen Pelz gegeben oder — da es solchen vielleicht einst besaß — ihn gelassen hätte! — Thörichter Wunsch, kurzsichtiger Gedanke, der beim ersten näheren Blick in Nichts zerfließt! Meint man denn, der Mensch würde dem Thiere gleich sein Naturkleid tragen, wie es ist? Welche Schneid=Feinheiten würden erfunden! Halbgeschoren wie Pudel oder ganz geschoren und nur einen Titus auf dem Kopf, eine Quaste, Zottel am Rückgrat=Fortsatz — das wäre noch wenig! Die neue Rokoko=Gärtnerkunst, die Teppichgärtnerei würde beschämt werden durch Figuren, Rabatten, Boskette jeder Form, jedes pikantesten Musters! Und man vergesse die Färbung nicht! Welche Zusammenstellungen, welche Schattirungen, welche Uebergangstöne! Dort die stolze Donna in Purpur und Anilinblau schreiend, hier die sanfte Brittin oder Deutsche in träumerischem Helldunkel sanft bräunlich aschgraner Halbtinten, dort der ernste Priester ganz schwarz, nur durch Tonsur die Natur verbessernd, da der Stutzer gelb gegittert oder gewürfelt mit grünen Schmachtlocken am Schlappohr — dann erst noch die Uni= formen! Garderegimenter ernst schwarzweiß langhaarig wie Neufund= länder, Bernhardiner, Leonberger, — Jägerregimenter theils glatte, theils langhaarige Hühnerhunde, theils auch Rattenfänger, braun, grau, juppenfarb, Alles mit grünem Passepoil; vielleicht würde auch das Papageigrün und der grellrothe Aufschlag der preußischen beliebt! Die Phantasie erliegt vor der Fülle von Gesichten, die ihr entgegen= quellen.

Der Mensch ist ja kein Thier, er ist ja ein Vernunftwesen. Er würde ja seine Ueberlegenheit über die Natur nicht beweisen, wenn er von ihr sich Gesetz und Maß für seine Erfindungen geben ließe. Er muß ja, daß er Vernunft habe, doch auch durch Mißbrauch erweisen und erhärten!

> „Ein wenig besser würd' er leben,
> Hätt'st du ihm nicht den Schein des Himmelslichts gegeben.
> Er nennt's Vernunft und braucht's allein,
> Nur thierischer, als jedes Thier zu sein."

Sagst du also z. B. dem Weib: die Stöckel=Absätze zerklemmen dir die Zehen, ruiniren den Gang, die Stellung des Beines, die Struc= tur des Beckens, sie drohen auf jedem Schritte mit heillosen Verrentungen, Bänderzerrungen — wie dumm! Du predigst ja Natur, aber der Mensch muß doch die Vernunft, d. h. die menschliche Ueberlegenheit über die Natur, die Freiheit beweisen! Das Widernatürliche ist ja das Höhere! Die Mode mag es daher treiben wie sie will, sie mag uns Männern vorschreiben, die Röcke auf dem Rücken zuzuknöpfen, die Frackschöße vorn, den Hut an den Füßen zu tragen, sie mag dem Weibe gebieten, auf dem Kopf zu gehen, der Unsinn ihrer Formen mag so gesundheitsschädlich sein wie möglich, mag Lunge, Magen, Leber, Blase, Gebärmutter mißhandeln, verschieben, man mag die Warnung davor mit Bomben in die Ohren schießen: taub werden sie sein, dem Unsinn werden sie huldigen, denn keine Viehheerde folgt so gehorsam dem Flecken-Hummel, wie das Menschenvolk der Mode; natürlich, denn Vieh ist ja nur Vieh, der Mensch aber ist Mensch und würde seiner Würde vergeben, wenn er nicht jeder Unnatur Beifall klatschte und frei seine Freiheit opfernd, frei sich die Augen ausstechend als blinder Sklave sich in's Joch schmiegte.

Ich vergesse immer wieder mein Thema: die Frage über Anstand und Cynismus. Es ist Zeit, daß ich schließlich wirklich schließe und meine kärglichen Resultate in einen Satz, ein paar Sätze, eine Moral zu fassen suche. Es wird dürftig ausfallen, befürchte ich, denn längst hat der Leser erkannt, daß von allem mathematischen Bestimmen bei Zoll und Linie unser Thema so weit als möglich abliegt. Man steht hier vor einer der Regionen, wo entgegengesetzte Thesen mit gleichem Rechte sich gegenübertreten und die lösende Auskunft der Diagnose des richtigen Gefühlstatts in der Praxis des Lebens anheimzustellen ist. Die These heißt: man darf dem Cynismus auch nicht eine Spanne weit die Thüre öffnen, sonst wird unaufhaltsam, unberechenbar mit der zulässigen Ausnahme die breite Rohheit den Spalt erweitern und in Massen eindringen. Die Antithese: wird die Thüre unerbittlich verschlossen, so wird es im Zimmer so langweilig, dumpf, stumpf, ja entsteht solche parfümirte moralische Stickluft, daß es nicht auszuhalten ist; es ist auch glücklicher Weise nicht möglich, so ganz abzusperren, das Leben sträubt sich mit Naturmacht dagegen, vor Salzlosigkeit zu verwesen. Da bleibt denn nichts übrig, als an den wirklichen lebendigen Menschen uns zu wenden mit dem höchst unmaßgeblichen und unwohlweisen Rathe: gewöhne den Anstand so dir an, daß er dir zur andern Natur wird, daß du es zur vollen Sicherheit darin bringst und keine wirklich gebildete Gesellschaft vor dir Angst zu haben braucht; aber verschreibe ihm nicht deine Seele, bleibe ein Mann, bewahre dir die Reinheit der Wahrheit; du kannst es vereinigen; — wenn dir das Einhalten des Formgesetzes in Blut und

Saft übergegangen ist, dann darfst du es wagen, es zu übertreten, denn du wirst Ort, Zeit, Art und Maß richtig treffen. Halte den An=stand ein, halte aber auch fest am Recht des Humors und am Recht, im Ernste drauf zu schlagen, wenn es zu bunt kommt; Menschenfurcht kann dich nicht abhalten, das Ekelhafte ekelhaft zu nennen, wenn es sich erfrecht, allgemein zu werden; die Mitwelt wird dich schmähen, die Nachwelt wird sagen: Einer hat es doch mit Luthers Wort gehalten:

Tritt frisch auf!

Thu's Maul auf!

Nicht versäumen will ich, noch anzumerken, daß es nicht als Uebersehen getadelt werden darf, wenn ich auf eine sehr wesentliche Seite des Thema's, die ökonomische, mich nicht eingelassen habe. Die jetzige weibliche Mode bedingt durch die Masse von Besätzen und Faltenzügen einen Aufwand, der zerrüttend auf die Vermögensverhält=nisse vieler Familien wirkt, und dies hängt tief mit der allgemeinen Ueppigkeit, weiterhin mit der Ueberproduction der Industrie zusammen, die verschwenderische Moden erfindet, um ihr Zeug an den Mann oder vielmehr an's Weib zu bringen. Ich unterschätze die Wichtigkeit dieses Standpunkts der Beurtheilung nicht, habe mich aber wohl mit gutem Grund und Recht auf den, vom ethischen untrennbaren, ästhetischen beschränkt. Bei der Nothwendigkeit der Arbeitstheilung, die auch hier sich geltend macht, bin ich natürlich Jedem nur um so dankbarer, der mir aus jenem Gebiete die Hülfstruppen unterstützender Gründe zuführt.

Das letzte Wort aber soll ein Franzose haben, der geistreiche Alphonse Karr. Es kam mir wie geschlichen, daß ein Freund mich zu guter Letzt auf die Apophthegmen über Weiber und Moden in dem Werk: L'esprit d'Alphonse Karr von C. L. aufmerksam machte; denn nur willkommen kann es sein, zu finden, daß es auch im Wiegen=lande der Moden ein klares Bewußtsein über ihre Verirrungen gibt, nur angenehm, sich von dort aus secundirt zu sehen. Einige der aus Karrs Werken ausgehobenen Stellen sollen also hier noch Platz finden.

Très souvent, pour obéir à la mode, le vêtement, au lieu de suivre les belles ondulations et les courbes gracieuses du corps fémi-nin, change complétement les formes et les dénature. Si une femme de goût, en se déshabillant le soir, se trouvait faite en réalité comme elle a fait semblant d'être toute la journée, j'aime à croire, qu'on la trouverait le lendemain matin submergée et noyée dans ses larmes.

Il n'est guère de femme qui n'appellerait cynique et impudent l'écrivain qui ferait une description de ce qu'elle montre si libéralement quande elle est „habillée".

Vous ne voulez pas que l'on vous dise: „Madame trois étoiles, au dernier bal, montrait aux gens les deux tiers de sa gorge." Vous qui êtes madame trois étoiles et qui, en réalité, montriez à nu ce que je ne fais que nommer, vous trouvez inconvenant le récit de ce que vous faites: et comment appellerons-nous alors ce que vous faites?

Decouvrir ses épaules et sa poitrine: cela s'appelle *s'habiller*. J'ai entendu dire:

— Madame une telle avait, l'autre soir, chez madame B . . ., une robe montante.

— Vraiment?

— Comme je vous le dis.

— C'est indécent.

En s'habillant une femme honnête exagère ses hanches et sa gorge, c'est à dire qu'elle cherche à exciter des désirs par une exhibition extraordinaire de ses charmes secrets. Certe, ce n'est pas au mari qu'est destinée cette perfide amorce, puisque le mari sait parfaitement à quoi s'en tenir.

Sur le théâtre. ce sont des danseuses, des actrices, des courtisanes, des femmes consacrées au démon et maudites par l'Église. Dans les loges, ce sont les grandes dames, les femmes respectées, celles qui étaient ce matin à Saint-Roch. Les unes et les autres sont nues jusqu'à la ceinture ou à peu près; les danseuses par en bas et les honnêtes femmes par en haut. C'est à´ça qu'on les distingue.

Man sieht, wie ganz der Franzose und der Deutsche hier zu=
sammentreffen; aber bei jenem klingt Alles, wie scharf es sein mag,
doch auch fein und elegant, was beim Deutschen grob klingt. Wohl;
aber das steht nun so: der Franzose sagt die härtesten Wahrheiten
auf eine Art, daß er dennoch amüsirt. Und so krümmt er kein
Härchen. Die Kanten sind gerundet, Niemand stößt sich, selbst der
Getroffene kann lachen. Ein hübsches Feuerwerk, man sieht zu, Nie=
mand brennt sich. Das liegt nun nicht zum kleinsten Theil in der
Sprache, in der geschmeidigen Welle der französischen gegenüber dem
eckigen Gestein der deutschen. Aber ich beklage mich nicht darüber,
daß meine Sprache mich nicht darin unterstützt, nicht fast mich nöthigt,
bittere Wahrheiten mit Honig zu versüßen.